湖南省口岸办课题（外来入侵生物调查与防控）

湘江流域农业外来有害生物监测防控技术研究 湖南省科技厅 2015NK3059

长沙地区外来杂草入侵调查与风险防控研究 长沙市科技局 K1508023-41

湖南口岸外来入侵杂草图鉴

主审　　李振宇　　王新武

编著　　张　磊　　黄迎波　　肖湘黔

　　　　章茂林　　罗志萍　　周慧平

中南大学出版社

www.csupress.com.cn

·长沙·

目 录

序 言

　　湖南省具有山地、丘陵、平原、湿地等，是地形多样、生物多样性丰富的地区，又是农业大省。随着湖南对外开放的进一步扩大，越来越多的外来杂草随进口粮食、运输工具、旅客携带行李、邮寄物品等入境，给湖南省的农业生产、生态安全以及生物多样性带来了巨大威胁。

　　为确保国门安全，防范外来杂草的入侵，湖南出入境检验检疫局组织相关专业人员，收集和整理了100多种外来入侵杂草图鉴，描述了入侵杂草的形态特征、识别要点、与近似种的区别、危害、来源，并考察和掌握了该杂草在湖南的分布，为一线检疫人员及从事农林业生态研究的科研人员提供参考，为湖南生态文明建设和创建富饶、美丽、幸福的新湖南贡献一份绵薄之力。

湖南出入境检验检疫局局长、局党组书记

杨杰

1. 细叶满江红 *Azolla filiculoides* Lam.

分类地位：满江红科 Azollaceae、满江红属 *Azolla* Lam.。

别名：蕨状满江红、细绿苹。

形态特征及植株：一年生（北方地区）或多年生（温暖地区）漂浮草本，绿色至红色，近圆形，具钝角，直径 1~5 厘米，侧枝腋外生出。叶在分枝上排成羽状，每叶 2 裂，上裂片浮水，钝，长 1.5~2.5 毫米，宽 0.7~1.5 毫米，具单细胞毛，下裂片沉水。籽实：大孢子囊外壁有 3 个浮膘，小孢子囊内的泡胶块上有无分隔的锚状毛。孢子囊期 6—9 月份。

生长习性：见于静水和缓流的水中，常生于湖泊、池塘、沟渠和稻田。当生存环境的水减少变干或植株过于密集拥挤时，植物体会由平卧变为斜立或直立状态生长，腹裂片功能也向背裂片功能转化。气温低于 5℃时，植株会停止生长。

危害情况：繁殖极快，可密集覆盖水面，每亩产量鲜重可达 6 500 千克，形成密不透光的水下生境，导致沉水植物生存困难。可随水流扩散。

分布：原产美洲。作为固氮绿肥和饲料植物引入中国。现主要分布于中国的西南、华南、华中、华东和华北地区。湖南省内广泛分布。

2．大麻 *Cannabis sativa* L.

分类地位：桑科 Moraceae、大麻属 *Cannabis* L.。

别名：山丝苗、线麻、胡麻、野麻、火麻。

形态特征及植株：一年生草本。茎直立，灰绿色，有纵沟，密生短柔毛，皮层有纤维。叶互生或下部对生，掌状全裂，裂片 3～11 片，小叶披针形至线状披针形，长 7～15 厘米，两端渐尖。表面有粗毛，背面密生灰白色毡毛，边缘有粗锯齿；叶柄细，长 4～15 厘米，有短绵毛。花：花雌雄异株，雄花黄绿色，排列成长而疏散的圆锥花序，有萼状花被和 5 枚雄蕊；雌花丛生于叶腋，绿色，每花有一卵形苞片，膜质，紧包子房，花被退化；籽房球形，有 2 枚柱头。籽实：瘦果扁卵形，两面凸，硬质，灰色，表面光滑具细网纹，长约 4 毫米，外包黄褐色苞片。种子扁平，胚乳肉质且弯曲。花期 5—6 月份，果期为 7 月份。

生长习性：喜光，耐大气干旱而不耐土壤干旱，生长期间不耐涝，对土壤的要求比较严格。

危害情况：属农田杂草。吸食大麻会损害人体一些重要器官的功能，抑制人体自然杀伤细胞的活动能力。

分布：原产中亚及南亚。现在中国各地均有分布。

湖南省内广泛分布。

3. 小叶冷水花 *Pilea microphylla* (L.) Liebm.

分类地位：荨麻科 Urticaceae、冷水花属 *Pilea Lindl.*。

别名：透明草、礼花草、玻璃草。

形态特征及植株：一年生草本，高达 17 厘米，无毛。茎肉质，多分枝，密布线形钟乳体。叶小，同对的不等大，倒卵形或匙形，长 3~7 毫米，先端钝，基部楔形或渐窄，边缘全缘，上面绿色，下面浅绿色，钟乳体线形，叶脉羽状，中脉稍明显，在近先端消失，侧脉不明显；叶柄长 1~4 毫米，托叶不明显，三角形。花：雌雄同株，有时同序，聚伞花序密集成头状，长 1.5~6 毫米。雄花具梗，有 4 枚花被片，卵形，外面近先端有短角状突起，雄蕊 4 枚，退化雄蕊不明显；雌花较小，花被片 3 枚，稍不等长，结果时中间 1 枚长圆形，与果近乎等长，侧生 2 枚卵形，先端尖，薄膜质。籽实：瘦果卵圆形，长约 0.4 毫米，褐色，光滑。花期夏秋季，果期秋季。

生长习性：喜温暖、湿润的气候，喜疏松肥沃的沙土，常生长于路边石缝和墙上阴湿处。

危害情况：一般性杂草。其种子常随带土苗木传播，成为一种常见的园圃杂草。

分布：原产南美洲热带地区。在亚热带地区归化。中国长江以南地区广泛分布，在北方成为温室杂草。湖南省湘西等地有分布。

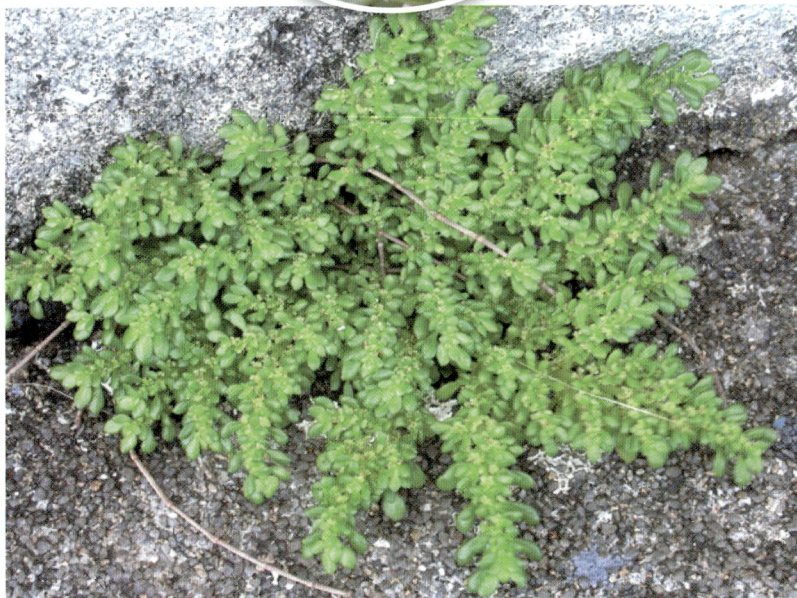

4. 土荆芥 *Dysphania ambrosioides* (L.) Mosyakin et Clemants

异名：*Chenopodium ambrosioides* L.。

分类地位：藜科 Chenopodiaceae、刺藜属 *Dysphania* R. Brown。

别名：红泽蓝、天仙草、臭草、钩虫草、鹅脚草。

形态特征及植株：一年生或多年生草本，高 50~100 厘米，有强烈香味。茎直立，多分枝，有色条及钝条棱；枝通常细瘦，有短柔毛并兼有具节的长柔毛，有时近于无毛。叶互生，具短柄，长圆形至披针形，长 3~15 厘米，宽 0.5~5 厘米，先端急尖或渐尖，边缘具稀疏不整齐的大锯齿，基部渐狭且具短柄，上面平滑无毛，下面有散生油点并沿叶脉稍有毛，下部的叶长达 15 厘米，宽达 5 厘米，上部叶逐渐狭小而近乎全缘。花：花两性或部分雌性，通常 3~5 朵簇生于上部苞腋，再组成穗状或圆锥状花序；花被裂片 5 枚，绿色，结果时通常闭合；雄蕊 5 枚，花药长 0.5 毫米；子房圆形，两端稍压扁，具黄色腺点；柱头通常 3 枚，较少为 4 枚，丝形，伸出花被外。籽实：胞果扁球形，包于花被内。种子横生或斜生，红褐色，球形，略扁，有光泽，直径 0.6~0.7 毫米。花期和果期的时间都很长。花果期 6—10 月份。

　　生长习性：喜温暖干燥气候，生于村旁、路边、旷野及河岸等地。

　　危害情况：为南方旱地杂草。危害绿化地、花卉苗木。种子含有毒的挥发油，对其他植物产生感化作用。同时是常见的花粉过敏源。

　　分布：原产美洲热带地区。现广泛分布于世界热带及温带地区。在中国分布于华东、华中、西南地区。湖南省常德、衡阳、湘西、洞庭湖区等地有分布。

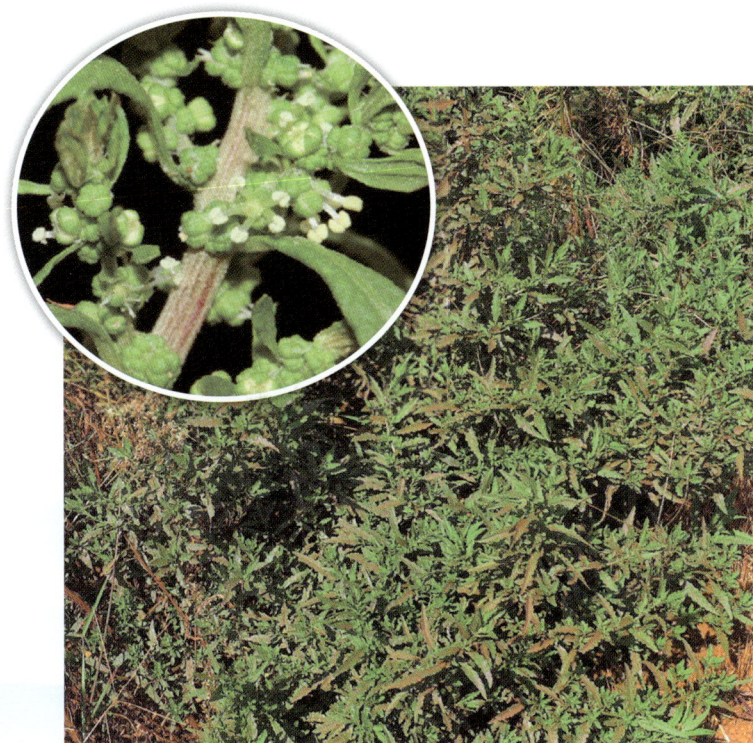

5. 杂配藜 *Chenopodium hybridum* L.

分类地位：藜科 Chenopodiaceae、藜属 *Chenopodium* L.。

别名：大叶藜、血见愁。

形态特征及植株：一年生草本，高 30～120 厘米。茎直立，粗壮，单一或上部有疏分枝，具淡黄色或紫色条棱。单叶互生，叶柄长 2～7 厘米；叶片质薄，宽卵形至卵状三角形，长 4～15 厘米，宽 2～12 厘米，两面均呈亮绿色，先端渐尖，基部圆形、锥形或略呈心形，边缘掌状浅裂；裂片 2～3 对，不等大，轮廓略呈五角形，先端通常锐；上部叶较小，叶片多呈三角状戟形，边缘具少量裂片状锯齿，有时几近全缘。花：花两性兼有雌性，通常数个团集，在分枝上排列成散开的圆锥状花序；花被裂片 5 枚，狭卵形，先端圆钝，边缘膜质，背面具纵脊并稍有粉；雄蕊 5 枚。籽实：胞果双凸镜状，具蜂窝状的四至六角形网脉；果皮膜质，有白色斑点，与种子贴生。种子扁圆形，横生，与胞果同形，直径通常 2～3 毫米，黑色，无光泽；胚环形。花果期 7—9 月份。

生长习性：喜阳光充足的湿润环境。常见于林地边缘、山坡灌木间、沟沿、旷野、荒地等处。

危害情况：为旱地杂草。主要危害农业，在农田中与作物竞争水源，降低其产量；家畜大量食用会引起硝酸盐中毒。

　　分布：原产欧洲和西亚。现广泛分布于北半球温带地区及夏威夷群岛。中国各地多有分布。湖南省湘西保靖等地有分布。

6. 长芒苋 *Amaranthus palmeri* S. Watson

分类地位：苋科 Amaranthaceae、苋属 *Amaranthus* L.。

形态特征及植株：一年生草本，高 0.8~1.5 米。茎直立，粗壮，具角，黄绿色，具绿色条纹，有时变淡红褐色，无毛或上部散生短柔毛，分枝斜展至近平展。叶无毛，卵形至菱状卵形，茎上部可呈披针形，先端钝、急尖或微凹，常具小突尖；基部楔形，略下延，边缘全缘，侧脉每边 3~8 条；叶柄纤细。花：雌雄异株。穗状花序生茎和侧枝顶端，直伸或略弯曲；苞片钻状披针形，先端芒刺状，雄花苞片下部约 1/3 具宽膜质边缘，雌花苞片下半部具狭膜质边缘。雄花花被片 5 枚，极不等长，长圆形，先端急尖；雄蕊 5 枚，短于内轮花被片。雌花花被片 5 枚，稍反曲，极不等长，最外面一片呈倒披针形，先端急尖，中肋粗壮，先端具芒尖，其余花被片呈匙形。花柱 2~3 枚。籽实：果近球形，果皮膜质，上部微皱，周裂，包藏于宿存花被片内。种子近圆形或宽椭圆形，深红褐色，有光泽。花果期 5—7 月份。

生长习性：生于河岸低地、旷野及耕地。

危害情况：该种不但是旱地作物杂草，而且植株可富集硝酸盐，家畜过量采食后会引起中毒。

分布：原产美国西南部至墨西哥北部。在英国、澳大利亚和日本等地归化。中国主要分布于辽宁省、北京市、天津市、山东省、江苏省、福建省、广东省等地。湖南省岳阳、益阳赫山区、衡阳茶山坳、长沙新港、郴州北湖区等地有分布。

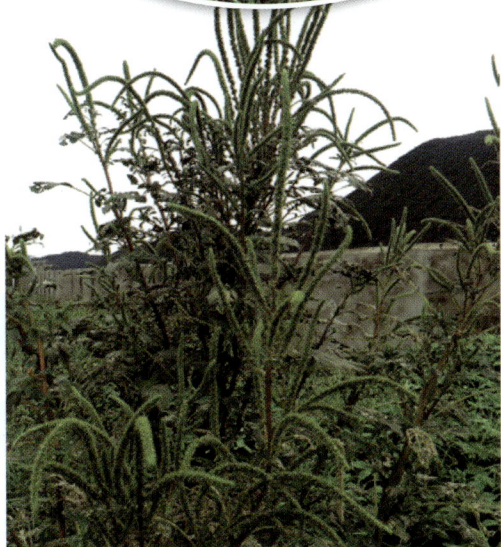

7. 刺苋 *Amaranthus spinosus* L.

分类地位：苋科 Amaranthaceae、苋属 *Amaranthus* L.。

别名：刺苋菜、勒苋菜。

形态特征及植株：一年生草本，高 30~100 厘米。茎直立，圆柱形或钝棱形，多分枝，有纵条纹，绿色或带紫色，无毛或稍有柔毛。叶片菱状卵形或卵状披针形，长 3~12 厘米，宽 1~5.5 厘米，先端圆钝，具微凸头，基部楔形，边缘全缘，无毛或幼时沿叶脉稍有柔毛；叶柄长 1~8 厘米，无毛，在其旁有 2 根刺，刺长 5~10 毫米。本种叶腋有刺，且部分苞片变形成刺，极易和本属其他种区别。花：圆锥花序，腋生及顶生，长 3~25 厘米，下部顶生花穗常全部为雄花；苞片在腋生花簇及顶生花穗的基部者变成尖锐直刺，长 5~15 毫米，在顶生花穗的上部者狭披针形，长约 1.5 毫米，先端急尖，具凸尖，中脉绿色；小苞片狭披针形，长约 1.5 毫米；花被片绿色，先端急尖，具凸尖，边缘透明，中脉绿色或带紫色，在雄花者矩圆形，长 2~2.5 毫米，在雌花者矩圆状匙形，长约 1.5 毫米；雄蕊花丝略和花被片等长或较短；柱头 3 枚，有时 2 枚。籽实：胞果矩圆形，长 1~1.2 毫米，在中部以下不规则横裂，包裹在宿存花被片内。种子近乎球形,直径约1毫米,黑色或带棕黑色。花果期7—11月份。

生长习性:喜生长在干燥荒地、旷野或园圃。

危害情况:为旱地杂草。主要危害旱作物田、菜园及果园。植株带刺可扎伤人畜。常成片生长,抑制当地植物生长。

分布:原产热带美洲。世界各地区广泛分布。中国各地均有分布。湖南省长沙、衡阳、湘西花垣等地有分布。

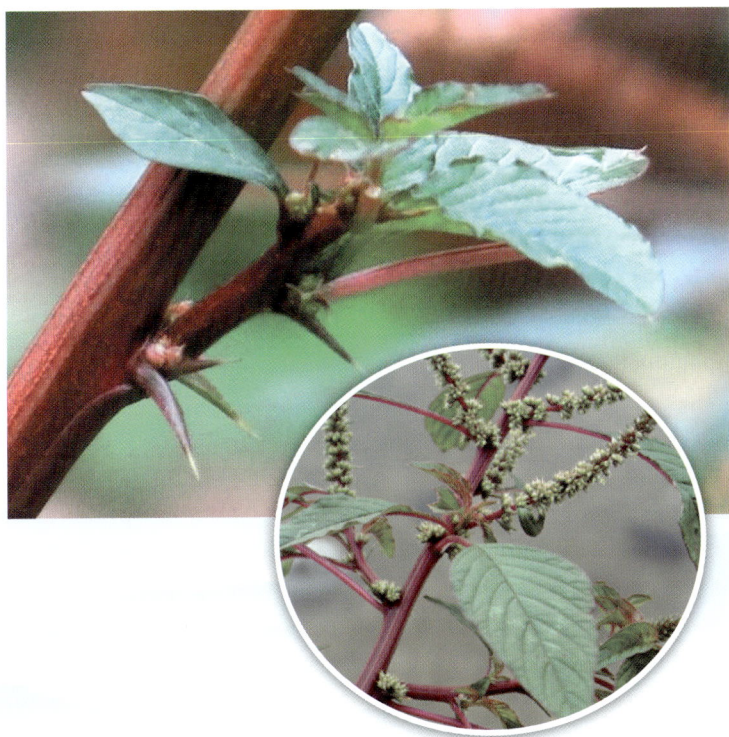

8. 反枝苋 *Amaranthus retroflexus* L.

分类地位：苋科 Amaranthaceae、苋属 *maranthus* L.。

别名：西风谷、野苋菜、人苋菜。

形态特征及植株：一年生草本，高 20~80 厘米，有时达 1 米多。茎直立，粗壮，单一或分枝，淡绿色，有时带紫色条纹，稍具钝棱，密生短柔毛。叶片菱状卵形或椭圆状卵形，长 5~12 厘米，宽 2~5 厘米，先端锐尖或尖凹，有小凸尖，基部楔形，全缘或波状缘，两面及边缘有柔毛，下面毛较密；叶柄长 1.5~5.5 厘米，淡绿色，有时淡紫色，有柔毛。花：圆锥花序，顶生及腋生，直立，直径 2~4 厘米，由多数穗状花序形成，顶生花穗较侧生者长；苞片及小苞片钻形，长 4~6 毫米，白色，背面有一龙骨状突起，伸出顶端成白色尖芒；花被片矩圆形或矩圆状倒卵形，长 2~2.5 毫米，薄膜质，白色，有一淡绿色细中脉，先端急尖或尖凹，具凸尖；雄蕊比花被片稍长；柱头 3 枚，有时 2 枚。籽实：胞果扁卵形，长约 1.5 毫米，环状横裂，薄膜质，淡绿色，包裹在宿存花被片内。种子近球形，直径约 1 毫米，棕色或黑色，边缘钝。花期 7—8 月份。果期 8—9 月份。

生长习性：生于农田、路边或荒地。喜湿润环境，耐旱，到处都能生长。

危害情况：为旱地杂草。主要危害棉花、豆类、花生、瓜类、薯类、蔬菜等多种旱地作物。常成片生长，破坏生态环境。

分布：原产美洲。现在世界各地广泛分布。中国各地多有分布。湖南省常德、衡阳、湘西、洞庭湖区等地有分布。

9. 绿穗苋 *Amaranthus hybridus* L.

分类地位：苋科 Amaranthaceae、苋属 *Amaranthus* L.。

别名：西风谷、野田谷、籽粒苋、毛野苋。

形态特征及植株：一年生草本，高 30~50 厘米。茎直立，分枝，上部近弯曲，有开展柔毛。叶片卵形或菱状卵形，长 3~4.5 厘米，宽 1.5~2.5 厘米，先端急尖或微凹，具凸尖，基部楔形，边缘波状或有不明显锯齿，微粗糙，上面近无毛，下面疏生柔毛；叶柄长 1~2.5 厘米，有柔毛。花：圆锥花序，顶生，细长，上升稍弯曲，有分枝，由穗状花序形成，中间花穗最长；苞片及小苞片钻状披针形，长 3.5~4 毫米，中脉坚硬，绿色，向前伸出成尖芒；花被片矩圆状披针形，长约 2 毫米，先端锐尖，具凸尖，中脉绿色；雄蕊略和花被片等长或稍长；柱头 3 枚。和反枝苋极相近，但本种花序较细长，苞片较短，胞果超出宿存花被片，可以区别。籽实：胞果卵形，长约 2 毫米，环状横裂，超出宿存花被片。种子近球形，直径约 1 毫米，黑色。花期 7—8 月份，果期 9—10 月份。

生长习性：生于田边、路旁、水沟边、荒草地或山坡。

危害情况：为旱地杂草。侵入果园、旱田，但量很小，不多见。

分布：原产美洲。在亚洲、欧洲和大洋洲归化。中国各地区广泛分布。湖南省内广泛分布。

10. 皱果苋 *Amaranthus viridis* L.

分类地位：苋科 Amaranthaceae、苋属 *Amaranthus* L.。

别名：绿苋、野苋。

形态特征及植株：一年生草本，高 40~80 厘米，全体无毛。茎直立，有不明显棱角，稍有分枝，绿色或带紫色。叶片卵形、卵状矩圆形或卵状椭圆形，长 3~9 厘米，宽 2.5~6 厘米，先端尖凹或凹缺，少数圆钝，有一芒尖，基部宽楔形或近截形，全缘或微呈波状缘，中部常有 V 形白色斑痕；叶柄长 3~6 厘米，绿色或带紫红色。花：圆锥花序，顶生，有分枝，由穗状花序形成，圆柱形，顶生花穗比侧生者长；苞片及小苞片披针状长圆形，长不及 1 毫米，先端具凸尖，干膜质；花被片 3 枚，矩圆形或宽倒披针形，长 1.2~1.5 毫米，内曲，先端急尖，背部有一绿色隆起中脉，有芒尖，边缘透明；雄蕊 3 枚，比花被片短；柱头 3 枚或 2 枚。籽实：胞果扁球形，直径约 2 毫米，绿色，不裂，极皱缩，超出花被片。种子倒卵形或圆形，凸透镜状，直径约 1 毫米，黑色或黑褐色，有光泽，具细微的线状雕纹。花期 6—8 月份，果期 8—10 月份。

生长习性：荫生，生于路边、旷野、荒地和田园。

危害情况：菜地和秋旱作物田间杂草。也危害园林苗木和公园绿地，可沿道路侵入自然生态系统。

分布：原产南美洲至北美洲。现广泛分布于东半球地区。中国各地区广泛分布。湖南省常德、衡阳、湘西、洞庭湖区等地有分布。

11. 凹头苋 *Amaranthus blitum* L.

分类地位：苋科 Amaranthaceae、苋属 *Amaranthus* L.。

别名：野苋、光苋菜。

形态特征及植株：一年生草本，高 10~30 厘米，全体无毛。茎伏卧而上升，从基部分枝，淡绿色或紫红色。叶片卵形或菱状卵形，先端凹缺，有一芒尖，或微小不显，基部宽楔形，全缘或稍呈波状；叶柄长 1~3.5 厘米。花：花成腋生花簇，直至下部叶的腋部，生在茎端和枝端者成直立穗状花序或圆锥花序；苞片及小苞片矩圆形，长不及 1 毫米；花被片矩圆形或披针形，淡绿色，先端急尖，边缘内曲，背部有一隆起中脉；雄蕊比花被片稍短；柱头 3 枚或 2 枚，果熟时脱落。籽实：胞果扁卵形，长约 3 毫米，不裂，微皱缩而近平滑，超出宿存花被片。种子环形，直径约 1.2 毫米，黑色至黑褐色，边缘具环状边。花期 7—8 月份，果期 8—9 月份。

生长习性：种子随风、雨水或灌溉水及收获物进行传播，多生于农田、地埂、路边、荒地和湿润的地方。

危害情况：菜地和秋旱作物田间杂草。也危害园林苗木和公园绿地，可沿道路侵入自然生态系统。

分布：原产欧洲。在日本、南亚、北非及大洋洲归化。中国各地区广泛分布。湖南省湘西、洞庭湖区等地有分布。

12. 老鸦谷 *Amaranthus cruentus* L.

分类地位：苋科 Amaranthaceae、苋属 *Amaranthus* L.。

别名：繁穗苋、天雪米、西天谷。

形态特征及植株：一年生草本，高 20～80 厘米，有时达 1.3 米。茎直立，粗壮，淡绿色，有时具带紫色条纹。叶片菱状卵形或椭圆状卵形，先端急尖或渐尖，具芒尖，基部渐狭，楔形，有柔毛，背面叶脉突出；叶柄与叶片几乎等长或稍短。花：圆锥花序顶生及腋生，由多数穗状花序形成，直立或斜升；苞片披针状锥形，背部中脊隆起，甚长于花被；花单性，花被片 5 枚，白色，长圆形、长圆状披针形至披针形，膜质，先端急尖或尖凹，具小突尖。雄花具雄蕊 5 枚，雌花具雌蕊 1 枚，柱头 3 枚，柱头内有细齿。籽实：胞果扁卵形，环状横裂，包裹在宿存花被片内。种子近圆形，稍扁平，直径约 1 毫米，淡黄色或棕褐色。花期 6—7 月，果期 9—10 月。

生长习性：适应性较强，可在贫瘠砂土或盐碱地（pH 7.9～9.3）上生长。各地栽培或野生。

危害情况：常入侵蔬菜园及旱地，但发生量小。

分布：原产中美洲。在热带和温带地区归化。中国作籽粒苋引进，现各地区有栽培和逸生。湖南省内广泛分布。

13. 青葙 *Celosia argentea* L.

分类地位：苋科 Amaranthaceae、青葙属 *Celosia* L.。

别名：狗尾草、百日红、鸡冠苋。

形态特征及植株：一年生草本，高 0.3~1 米，全体无毛。茎直立，有分枝，绿色或红色，具明显条纹。叶片矩圆披针形、披针形或披针状条形，少数卵状矩圆形，绿色常带红色，先端急尖或渐尖，具小芒尖，基部渐狭；叶柄长 2~15 毫米，或无叶柄。花：花多数密生，在茎端或枝端成单一、无分枝的塔状或圆柱形穗状花序；苞片及小苞片披针形，白色，光亮，先端渐尖，延长成细芒，具一中脉在背部隆起；花被片矩圆状披针形，初为白色顶端带红色，或全部粉红色，后成白色，先端渐尖，具一中脉在背面凸起；花丝长 5~6 毫米，分离部分长 2.5~3 毫米，花药紫色；子房有短柄，花柱紫色，长 3~5 毫米。籽实：胞果卵形，长 3~3.5 毫米，包裹在宿存花被片内。种子凸透镜状肾形，直径约 1.5 毫米。花期 5—8 月份，果期 6—10 月份。

生长习性：喜温暖，耐热不耐寒，生于平原或山坡，海拔可高达 1 100 米。

危害情况：为旱田杂草。

分布：原产印度。在热带和温带地区归化。中国各地区广泛分布。湖南省内广泛分布。

14. 空心莲子草 *Alternanthera philoxeroides* (Mart.) Griseb.

分类地位: 苋科 Amaranthaceae、莲子草属 *Alternanthera* Forsk。

别名: 革命草、水花生、喜旱莲子草。

形态特征及植株: 多年生草本。茎基部匍匐,上部上升,管状,不明显四棱,长 55~120 厘米,具分枝,幼茎及叶腋有白色或锈色柔毛,茎老时无毛,仅在两侧纵沟内保留。叶片矩圆形、矩圆状倒卵形或倒卵状披针形,长 2.5~5 厘米,宽 7~20 毫米,先端急尖或圆钝,具短尖,基部渐狭,边缘全缘,两面无毛或上面有贴生毛及缘毛,下面有颗粒状突起;叶柄长 3~10 毫米,无毛或微有柔毛。花:花密生,呈具总花梗的头状花序,单生在叶腋,球形,直径 8~15 毫米;苞片及小苞片白色,先端渐尖,具一条脉;苞片卵形,长 2~2.5 毫米,小苞片披针形,长约 2 毫米;花被片矩圆形,长 5~6 毫米,白色,光亮,无毛,先端急尖,背部侧扁;雄蕊花丝长 2.5~3 毫米,基部连合成杯状;退化雄蕊矩圆状条形,和雄蕊约等长,先端裂成窄条;子房倒卵形,具短柄,背面侧扁,先端圆形。籽实:在中国未见结果。花期 5—10 月份。

生长习性：多生在池沼、水沟、池塘、湿地和浅水中，靠营养繁殖。

危害情况：为南方杂草。堵塞航道，影响水上交通；排挤其他植物，使群落物种单一化；覆盖水面，影响鱼类生长和捕捞；在农田危害作物，使产量受损。

分布：原产巴西。在热带、亚热带和暖温带半湿润地区归化。中国大部分地区有分布。湖南省内广泛分布。

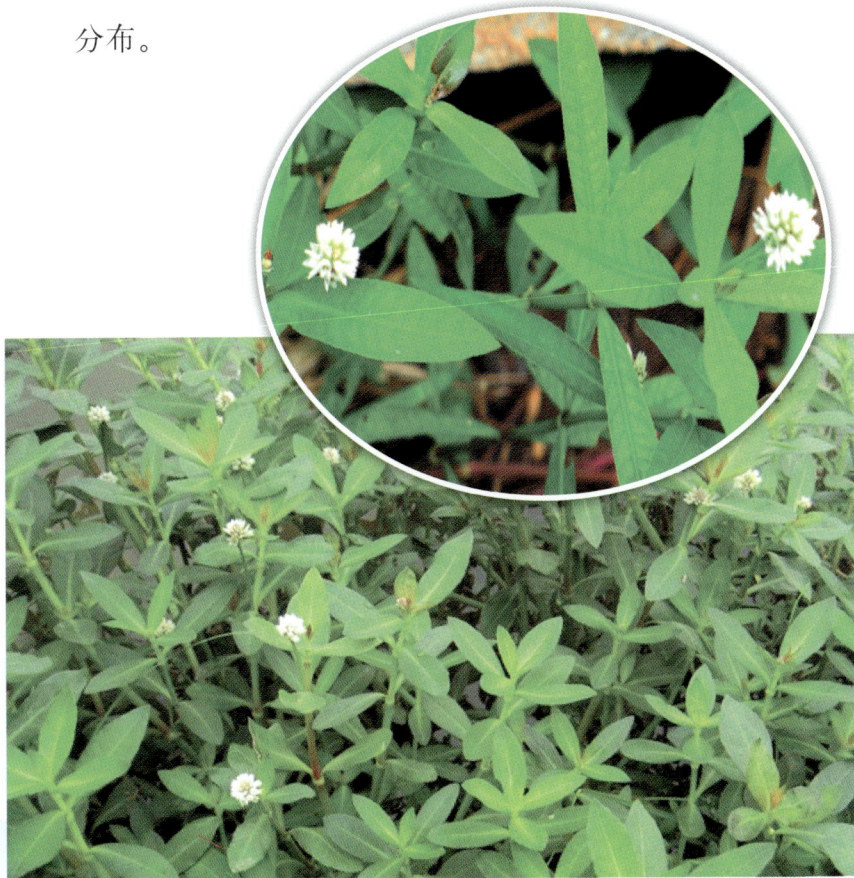

15. 刺花莲子草 *Alternanthera pungens* Kunth

分类地位：苋科 Amaranthaceae、莲子草属 *Alternanthera* Forsk。

别名：地雷草。

形态特征及植株：一年生草本。茎披散，匍匐，多数有分枝，伏生白色硬毛。叶对生，同一对叶不等大，叶卵形、倒卵形或椭圆状倒卵形，先端圆钝，有一短尖，基部渐狭，两面无毛或疏生伏贴毛；叶柄长 3~10 毫米，无毛或有毛。花：头状花序，无总花梗，1~3 个腋生，白色，球形或长球形，长 5~10 毫米；苞片披针形，长约 4 毫米，先端有锐刺；花被片大小不等，2 枚外花被片披针形，长约 5 毫米，花期后变硬成锐刺，中部花被片长椭圆形，长 3~3.5 毫米，扁平，近先端牙齿状，凸尖，2 枚内花被片小，凸形，环抱子房；雄蕊 5 枚，退化雄蕊远比花丝短，全缘、凹缺或不规则牙齿状；花柱极短。籽实：胞果宽椭圆形，长 1~1.5 毫米，包于萼片中，褐色，极扁平，先端截形或稍凹。花期 5 月份，果期 7 月份。

生长习性：生于海边旷地、耕地边、河漫滩、路边荒地或干热河谷。种子繁殖。生在路旁阳地，为一归化植物，蔓延很快。

危害情况：田边和绿化环境杂草。其苞片与花被具尖刺，常扎伤人的手脚，成为令人讨厌的杂草。

分布：原产中美洲。在热带和亚热带地区归化。中国长江以南地区广泛分布。湖南省衡阳、湘西、益阳等地有分布。

16. 紫茉莉 *Mirabilis jalapa* L.

分类地位：紫茉莉科 Nyctaginaceae、紫茉莉属 *Mirabilis* L.。

别名：草茉莉、胭脂花、夜晚花、地雷花。

形态特征及植株：一年生草本，高可达 1 米。根粗大，呈倒圆锥形，黑色或黑褐色。茎直立，圆柱形，上部多分枝，无毛或疏生细柔毛，节稍膨大。单叶对生，叶片卵形或卵状三角形，长 5~15 厘米，先端渐尖，基部截形或心形，边缘全缘，两面均无毛，脉隆起；叶柄长 1~4 厘米，超过叶片一半，上部叶几乎无柄。花：花两性，常一至数朵簇生枝端，有短柄；花梗长 1~2 毫米；总苞钟形，萼片状，5 枚裂片，裂片三角状卵形，先端渐尖，无毛，具脉纹，果时宿存；花被紫红色、黄色、白色或杂色，高脚碟状，檐部 5 枚浅裂片；雄蕊 5 枚，花丝细长，常伸出花外，花药球形；花柱单生，线形，伸出花外，柱头呈头状。籽实：瘦果球形，直径 5~8 毫米，革质，黑色，表面具棱及皱纹；种子胚乳白粉质。花期 6—10 月份，果期 8—11 月份。

生长习性：喜温和而湿润的气候条件，花朵在强光下闭合。

危害情况：为旱地杂草。根和种子有毒。

　　分布：原产热带美洲。广泛归化于世界温带至热带地区。中国各地区广泛分布。湖南省内广泛分布。

17. 垂序商陆 *Phytolacca americana* L.

分类地位：商陆科 Phytolaccaceae、商陆属 *Phytolacca* L.。

别名：美国商陆、十蕊商陆、美洲商陆。

形态特征及植株：多年生草本，高 1~2 米。根粗壮，肥大，倒圆锥形。茎直立，圆柱形，有时带紫红色。叶片椭圆状卵形或卵状披针形，长 9~18 厘米，宽 5~10 厘米，先端急尖，基部楔形；叶柄长 1~4 厘米。花：总状花序，顶生或侧生，长 5~20 厘米；花梗长 6~8 毫米；花白色，微带红晕，直径约 6 毫米；花被片 5 枚，雄蕊、心皮及花柱通常均为 10 枚，心皮合生。籽实：果序下垂；浆果扁球形，熟时紫黑色；种子肾圆形，直径约 3 毫米。花期 6—8 月份，果期 8—10 月份。根茎及种子繁殖。

生长习性：生于路边及宅旁阴湿处，或栽培于庭园。

危害情况：为旱地杂草。危害茶园、果园、竹林、油桐林等，一般危害不重。根及浆果对人畜有毒。

分布：原产北美洲。在欧亚归化。在中国各地区多有分布。湖南省内广泛分布。

18. 土人参 *Talinum paniculatum* (Jacq.) Gaertn.

分类地位：马齿苋科 Portulacaceae、土人参属 *Talinum* Adans。

别名：土洋参、福参、申时花、假人参、土高丽参。

形态特征及植株：一年生或多年生草本，全株无毛，高 30~100 厘米。茎直立，圆形，肉质，基部近木质，有时具槽。单叶，互生或近对生，具短柄或近无柄，叶片稍具肉质，倒卵形或倒卵状长椭圆形，长 5~10 厘米，宽 2.5~5 厘米，先端急尖，有时微凹，具短尖头，基部狭楔形，全缘。花：圆锥花序，顶生或腋生，多分枝，常二叉状分枝，具长花序梗；花小，直径约 6 毫米；总苞片绿色或近红色，圆形，先端圆钝，长 3~4 毫米；苞片 2 枚，膜质，披针形，先端急尖，长约 1 毫米；花梗长 5~10 毫米；萼片卵形，紫红色，早落；花瓣粉红色或淡紫红色，长椭圆形、倒卵形或椭圆形，长 6~12 毫米，先端圆钝，稍微凹；雄蕊 10~20 枚，比花瓣短；花柱线形，长约 2 毫米，基部具关节；柱头 3 枚裂片，稍开展；子房上位，卵球形，长约 2 毫米。籽实：蒴果近球形，直径约 4 毫米，三瓣裂，坚纸质；种子多数，扁圆形，直径约 1 毫米，黑褐色或黑色，有光泽，有微细腺点。花期6—8月份，果期9—11月份。

生长习性：喜欢温暖湿润的气候，耐高温高湿，不耐寒冷。生长于路边草地、宅旁、菜田、花圃等地。

危害情况：为旱地杂草。发生数量少，危害不重。

分布：原产热带美洲。在中国除东三省、内蒙古自治区、宁夏回族自治区、新疆维吾尔自治区外，其余各地区广泛分布。湖南省湘西等地有分布。

19. 落葵薯 *Anredera cordifolia* (Tenore) Steenis

分类地位：落葵科 Basellaceae、落葵薯属 *Anredera* Juss。

别名：马德拉藤、藤三七、藤七。

形态特征及植株：多年生植物。缠绕藤本，长可达数米。根状茎粗壮。叶具短柄，叶片卵形至近圆形，长 2~6 厘米，宽 1.5~5.5 厘米，先端急尖，基部圆形或心形，稍具肉质，腋生小块茎（珠芽）。花：总状花序，具多花，花序轴纤细，下垂，长 7~25 厘米；苞片狭，不超过花梗长度，宿存；花梗长 2~3 毫米，花托顶端杯状，花常由此脱落；下面 1 对小苞片宿存，宽三角形，急尖，透明，上面 1 对小苞片淡绿色，比花被短，宽椭圆形至近圆形；花直径约 5 毫米；花被片白色，渐变黑，开花时张开，卵形、长圆形至椭圆形，先端钝圆，长约 3 毫米，宽约 2 毫米；雄蕊白色，花丝顶端在芽中反折，开花时伸出花外；花柱白色，分裂成 3 个柱头臂，每臂具一棍棒状或宽椭圆形柱头。籽实：果实、种子未见。株芽及断枝繁殖。花期 6—10 月份。

生长习性：喜潮湿、光照充足的环境，通常生长在沟谷、河岸、荒地或灌木丛中。

　　危害情况：为旱地杂草。生长繁殖快，而且缺乏病虫害的制约。在中国华南地区，该种的枝叶可覆盖小乔木、灌木和草本植物，造成灾害。

　　分布：原产南美热带和亚热带地区。世界各地引种栽培，在温暖地区归化。中国各地区广泛分布。湖南省株洲、益阳等地有分布。

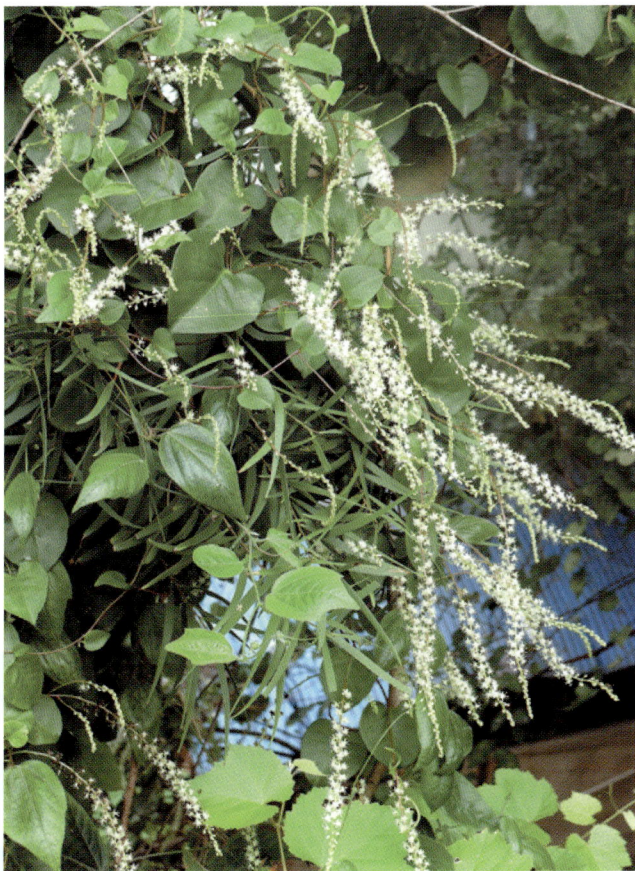

20. **球序卷耳** *Cerastium glomeratum* **Thuill.**

分类地位：石竹科 Caryophyllaceae、卷耳属 *Cerastium* L.。

别名：婆婆指甲菜、圆序卷耳。

形态特征及植株：一年生草本，高 10～20 厘米。茎单生或丛生，密被长柔毛，上部混生腺毛。下部茎生叶叶片呈匙形，先端钝，基部渐狭成柄状；上部茎生叶叶片呈倒卵状椭圆形，先端急尖，基部渐狭成短柄状，两面皆被长柔毛，边缘具缘毛，中脉明显。花：聚伞花序，呈簇生状或头状；花序轴密被腺柔毛；苞片草质，卵状椭圆形，密被柔毛；花梗细，密被柔毛；萼片 5 枚，披针形，先端尖，外面密被长腺毛，边缘狭膜质；花瓣 5 枚，白色，线状长圆形，与萼片近乎等长或稍长，先端 2 处浅裂，基部被疏柔毛；雄蕊明显短于萼；花柱 5 枚。籽实：蒴果长圆柱形，长于宿存萼 0.5～1 倍，先端 10 处齿裂；种子褐色，扁三角形，具疣状凸起。花期 3—4 月份，果期 5—6 月份。

生长习性：常见于菜园、路旁或撂荒地，也生长在海拔 300～1 300 米的河滩、草地或灌木丛中。

危害情况：属于田间杂草。

分布：原产欧洲。世界各地均有分布。中国主要

分布于华北、华中、华南和西南地区。湖南省内广泛
分布。

21．鹅肠菜 *Myosoton aquaticum* (L.) Moench.

分类地位：石竹科 Caryophyllaceae、鹅肠菜属 *Myosoton* Moench。

别名：牛繁缕、石灰菜、鹅儿肠。

形态特征及植株：二年生或多年生草本，具须根。茎外倾或上升，上部被腺毛。叶对生，卵形或宽卵形，长 2.5~5.5 厘米，先端急尖，基部近圆形或稍呈心形，边缘波状；叶柄长 0.5~1 厘米，上部叶常无柄，疏生柔毛。花：顶生二歧聚伞状花序；苞片叶状，边缘具腺毛；花梗细，长 1~2 厘米，花后伸长并向下弯，密被腺毛；萼片卵状披针形或长卵形，长 4~5 毫米，先端较钝，边缘狭膜质，外面被腺柔毛，脉纹不明显；花瓣白色，深裂至基部，裂片线形或披针状线形；雄蕊 10 枚，稍短于花瓣；子房长圆形，花柱短，线形。籽实：蒴果卵圆形，稍长于宿存萼；种子近肾形，直径约 1 毫米，稍扁，褐色，具小疣。花期 5—8 月份，果期 6—9 月份。

生长习性：生于荒地、路旁及较阴湿的草地。

危害情况：该种为中国植物图谱数据库收录的有毒植物，其毒性表现在种子、茎和叶上。牛、羊等家畜多量采食后在胃肠道内易发酵而结成团块，从而出现腹胀和腹痛等症状。

　　分布：原产欧洲。世界各地多有分布。中国各地区广泛分布。湖南省内广泛分布。

22. 无瓣繁缕 *Stellaria pallida*(Dum.) Crép.

分类地位：石竹科 Caryophyllaceae、繁缕属 *Stellaria* L.。

别名：苍白繁缕、小繁缕。

形态特征及植株：茎通常铺散，有时上升，基部分枝有 1 列长柔毛，但绝不被腺柔毛。叶小，叶片近卵形，长 5~8 毫米，有时达 1.5 厘米，先端急尖，基部楔形，两面无毛，上部及中部无柄，下部具长柄。花：二歧聚伞状花序；花梗细长；萼片披针形，长 3~4 毫米，先端急尖，少数卵圆状披针形，近乎钝，多被密柔毛，少数无毛；花瓣无或小，近于退化；雄蕊 3~5 枚；花柱极短。籽实：种子小，淡红褐色，直径 0.7~0.8 毫米，具不显著的小瘤突，边缘多呈锯齿状或近乎平滑。花期 3—4 月份，果期 4—5 月份。

生长习性：生于路边、草坪、苗圃和菜地。喜肥沃土壤。种子繁殖。

危害情况：蔬菜地较为严重的杂草，主要于早春发生且发生量大。

分布：原产欧洲。在亚洲和美洲归化。中国主要分布在安徽省、北京市、广东省、河南省、湖北省、湖南省、江西省、上海市、四川省、新疆维吾尔自治区、云南省和浙江省等地。湖南省内广泛分布。

23. 麦蓝菜 *Vaccaria hispanica* (Mill.) Rausch.

异名：*Vaccaria segetalis* (Neck.)Garcke in Aschers。

分类地位：石竹科 Caryophyllaceae、麦蓝菜属 *Vaccaria* Medic。

别名：王不留行、麦蓝子。

形态特征及植株：一年生或二年生草本，高30~70厘米，全株无毛，微被白粉，呈灰绿色。根为主根系。茎单生，光滑无毛，淡绿色，直立，上部分枝。叶对生，无柄，卵状椭圆形至卵状披针形，先端渐尖，基部圆形或近心形，微抱茎，全缘，无毛，灰绿色，具3基出脉。花：聚伞花序，顶生；花梗细，长1~4厘米；苞片披针形，着生花梗中上部；花萼卵状圆锥形，后期微膨大呈球形，棱绿色，棱间绿白色，近膜质，萼齿小，三角形，先端急尖，边缘膜质；雌雄蕊柄极短；花瓣淡红色，爪狭楔形，淡绿色，瓣片狭倒卵形，斜展或平展，微凹缺，有时具不明显的缺刻；雄蕊内藏；花柱线形，微外露。籽实：蒴果宽卵形或近圆球形，长8~10毫米；种子近圆球形，直径约2毫米，红褐色至黑色。花期5—7月份，果期6—8月份。

生长习性：喜温暖气候，对土壤要求不严格，忌水浸，生于田野、路旁、荒地，以麦田中最多。

　　危害情况：农田杂草，主要危害小麦、油菜等夏熟作物。

　　分布：原产欧洲至西亚。在亚洲和北美洲归化。中国各地区广泛分布。湖南省内广泛分布。

24. 麦仙翁 *Agrostemma githago* L.

分类地位：石竹科 Caryophyllaceae、麦仙翁属 *Agrostemma* L.。

别名：麦毒草。

形态特征及植株：一年生草本。高 60~90 厘米，全株密被白色长硬毛。茎单生，直立，不分枝或上部分枝。叶片线形或线状披针形，长 4~13 厘米，宽 2~10 毫米，基部微合生，抱茎，先端渐尖，中脉明显。花：单生，直径约 30 毫米，花梗极长；花萼长椭圆状卵形，长 12~15 毫米，后期微膨大，萼裂片线形，叶状，长 20~30 毫米；花瓣 5 枚，紫红色，比花萼短，爪狭楔形，白色，无毛，瓣片倒卵形，微凹缺；雄蕊比花瓣短，花丝无毛；花柱 5 枚，丝状，外露，被长毛。籽实：蒴果卵形，长 12~18 毫米，略长于宿存萼，裂齿 5 枚，外卷；种子三角状肾形，长 2.5~3 毫米，黑色，无光泽，具棘突。花期 6—8 月份，果期 7—9 月份。

生长习性：适应性很强，能自播繁殖。

危害情况：危害小麦、玉米、大豆等农作物和草皮。全株，特别是种子对人、畜和家禽有毒。

分布：原产欧洲。在欧亚大陆、北非和北美洲归化。中国主要分布于贵州省、黑龙江省、湖南省、吉林省、江西省、辽宁省、内蒙古自治区、陕西省、山东省、上海市、新疆维吾尔自治区和浙江省。湖南省内广泛分布。

25. 臭芥 *Coronopus didymus* (L.) Smith

分类地位：十字花科 Cruciferae、臭芥属 *Coronopus* Zinn。

别名：臭滨芥、臭菜、臭蒿子、肾果芥、臭草。

形态特征及植株：一年或二年生草本，全草有臭气，通常伏卧。茎单一，直立，上部分枝，具柱状腺毛。基生叶倒披针形，羽状分裂或大头羽裂，裂片大小不等，边缘有锯齿，两面有短伏毛；茎生叶有短柄，倒披针形或线形。花：总状花序，腋生，长可达4厘米；花极小，白色，萼片椭圆形，长约1毫米；花瓣白色，倒卵形，和萼片等长或稍长；雄蕊2枚；花柱极短，柱头凹陷，稍2裂。籽实：短角果近圆形，先端微缺，果瓣半球形，表面有粗糙皱纹，种子卵形，红棕色，无毛，边缘有窄翅。果实成熟时沿中央分离而不开裂，内有种子1个，细小，卵形。花期3月份，果期4—5月份。

生长习性：适应性强，对贫瘠土壤有一定的耐受性。为常见杂草，常生于旱作物地、果园、荒地及路旁。

危害情况：麦田、玉米、大豆等多种作物的杂草之一，同时也生长于人工草地之中，通过生活力的竞争，消耗养分，影响作物与草坪的生长。

分布：原产美洲。在亚洲、欧洲和北美洲归化。我国主要分布于长江以南各地以及西南、北京市、山东省等地。湖南省常德、衡阳、湘西、洞庭湖区等地有分布。

26．北美独行菜 *Lepidium virginicum* L.

分类地位：十字花科 Cruciferae、独行菜属 *Lepidium* L.。

别名：琴叶独行菜、星星菜、辣椒根。

形态特征及植株：一年生或二年生草本。高20～50 厘米。茎单一，直立，上部分枝，具柱状腺毛。基生叶倒披针形，羽状分裂或大头羽裂，裂片大小不等，卵形或长圆形，边缘有锯齿，两面有短伏毛；茎生叶有短柄，倒披针形或线形，长 1.5～5 厘米，宽2～10 毫米，先端急尖，基部渐狭，边缘有尖锯齿或全缘。花：总状花序，顶生；萼片椭圆形，长约 1毫米；花瓣白色，倒卵形；雄蕊 2 枚或 4 枚。短角果近圆形，长 2～3 毫米，宽 1～2 毫米，扁平，有窄翅，先端微缺，花柱极短。籽实：果梗长 2～3 毫米。种子扁卵形，长约 1 毫米，光滑，红棕色，边缘有窄翅。花期 4—5 月份，果期 6—7 月份。

生长习性：通常生于路旁、荒地或农田中，十分耐旱。

危害情况：生在田边或荒地，通过养分竞争、空间竞争和化感作用影响作物的正常生长，造成减产，为田间杂草。

　　分布：原产北美洲。在欧洲和亚洲归化。中国各地区广泛分布。湖南省常德、衡阳、湘西、洞庭湖区等地有分布。

27. 银合欢 *Leucaena leucocephala* (Lam.) de Wit

分类地位：豆科 Leguminosae、银合欢属 *Leucaena* Benth。

别名：白合欢、百合欢。

形态特征及植株：灌木或小乔木。幼枝被短柔毛，老枝无毛，具褐色皮孔，无刺；托叶三角形，小。羽片 4~8 对，长 5~16 厘米，叶轴被柔毛，在最下一对羽片着生处有黑色腺体 1 枚；小叶 5~15 对，线状长圆形，长 7~13 毫米，宽 1.5~3 毫米，先端急尖，基部楔形，边缘被短柔毛，中脉偏向小叶上缘，两侧不等宽。花：头状花序，通常 1~2 个腋生，直径 2~3 厘米；苞片紧贴，被毛，早落；总花梗长 2~4 厘米；花白色；花萼长约 3 毫米，先端具 5 枚细齿，外面被柔毛；花瓣狭倒披针形，长约 5 毫米，背被疏柔毛；雄蕊 10 枚，通常被疏柔毛，长约 7 毫米；子房具短柄，上部被柔毛，柱头凹下呈杯状。籽实：荚果带状，长 10~18 厘米，宽 1.4~2 厘米，先端凸尖，基部有柄，纵裂，被微柔毛；种子 6~25 颗，卵形，长约 7.5 毫米，褐色，扁平，光亮。花期 4—7 月份，果期 8—10 月份。

生长习性：耐干旱、耐贫瘠、适应性强，适宜土层深厚、肥力中等、排水良好、富含石灰质的微酸性至中碱性砂壤土；喜温热湿润气候。

危害情况：该种不但生长快，而且能通过化感作用影响其他树种的生长。枝叶有弱毒性，牛羊啃食过量可导致皮毛脱落。

分布：原产热带美洲。归化于欧、亚、非三洲热带地区。中国主要分布于重庆市、上海市、福建省、广东省、广西壮族自治区、贵州省、海南省、湖南省、陕西省、四川省、云南省、浙江省、台湾省、澳门特别行政区、香港特别行政区等地区。湖南省衡阳等地有分布。

28. 白车轴草 *Trifolium repens* L.

分类地位：豆科 Leguminosae、车轴草属 *Trifolium* L.。

别名：白三叶、白花三叶草、白三草、车轴草、荷兰翘摇。

形态特征及植株：短期多年生草本植物。生长期达 5 年，高 10~30 厘米。主根短，侧根和须根发达。茎匍匐蔓生，上部稍上升，节上生根，全株无毛。掌状三出复叶；托叶卵状披针形，膜质，基部抱茎成鞘状，离生部分锐尖；叶柄较长，长 10~30 厘米；小叶倒卵形至近圆形，长 8~20 毫米，宽 8~16 毫米，先端凹头至钝圆，基部楔形渐窄至小叶柄，中脉在下面隆起，侧脉约 13 对，与中脉呈 50°角展开，两面均隆起，近叶边分叉并伸达锯齿齿尖；小叶柄长约 1.5 毫米，微被柔毛。花：花序球形，顶生，直径 15~40 毫米；总花梗甚长，比叶柄长近 1 倍，具 20~50 朵花，密集；无总苞；苞片披针形，膜质，锥尖；花长 7~12 毫米；花梗比花萼稍长或等长，开花立即下垂；花萼钟形，具脉纹 10 条、萼齿 5 枚，披针形，稍不等长，短于萼筒，萼喉开张，无毛；花冠白色、乳黄色或淡红色，具香气；旗瓣椭圆形，比翼瓣和龙骨瓣长近 1 倍，龙骨瓣比翼瓣稍短；子房线状长圆形，花柱比子房略长，胚珠3~4粒。籽实：荚果长圆形。种子通常3粒，阔卵形。多年生。花果期5—10月份。

生长习性：种子或匍匐茎繁殖。抗寒耐热，酸性和碱性土壤均能适应，在湿润草地、河岸、路边呈半自生状态。

危害情况：为旱地杂草。侵入果园、菜地等旱作物田地，危害不重，对局部地区的蔬菜、幼林有危害。

分布：原产北非、中亚、西亚和欧洲。在北美洲归化。中国亚热带及暖温带地区分布较广泛。湖南省常德、衡阳、湘西、洞庭湖区等地有分布。

29．红车轴草 *Trifolium pretense* L.

分类地位：豆科 Leguminosae、车轴草属 *Trifolium* L.。

别名：绛三叶、地中海三叶草。

形态特征及植株：短期多年生草本，生长期 2～5 年。主根深入土层达 1 米。茎粗壮，具纵棱，直立或平卧上升，疏生柔毛或秃净。掌状三出复叶；托叶近卵形，膜质，每侧具脉纹 8～9 条，基部抱茎，先端离生部分渐尖，具锥刺状尖头；叶柄较长，茎上部的叶柄短，被伸展毛或秃净；小叶卵状椭圆形至倒卵形，长 1.5～3.5 厘米，宽 1～2 厘米，先端钝，有时微凹，基部阔楔形，两面疏生褐色长柔毛，叶面上常有 V 形白斑，侧脉约 15 对，呈 20°角展开，在叶边处分叉隆起，伸出形成不明显的钝齿；小叶柄短，长约 1.5 毫米。花：花序球状或卵状，顶生；无总花梗或具其短总花梗，包于顶生叶的托叶内，托叶扩展成焰苞状，具 30～70 朵花，密集；花长 12～14 毫米；几无花梗；萼钟形，被长柔毛，具脉纹 10 条，萼齿丝状，锥尖，比萼筒长，最下方 1 齿比其余萼齿长 1 倍，萼喉开张，具一多毛的加厚环；花冠紫红色至淡红色，旗瓣匙形，先端圆形，微凹缺，基部狭楔形，明显比翼瓣和龙骨瓣长，龙骨瓣稍比翼瓣短；子房椭圆形，花柱丝状细长，胚珠 1~2 粒。籽实：荚果卵形；通常有 1 粒扁圆形种子。花果期 5—9 月份。

生长习性：喜温暖湿润气候，耐瘠、耐阴。

危害情况：为旱地杂草。有时侵入旱作物田、果园和桑园，为一般性杂草，危害不大。

分布：原产欧洲地中海沿岸。现分布在欧洲东北部及北美洲等地。中国淮北及长江以南地区因有药用效果广泛引种栽培，也有野生。湖南省湘西等地区有分布。

30. 白花草木犀 *Melilotus albus* Medik.

分类地位：豆科 Leguminosae、草木犀属 *Melilotus* Mill.。

别名：白香草木犀、白甜车轴草。

形态特征及植株：一、二年生草本，高 70～200 厘米。茎直立，圆柱形，中空，多分枝，几无毛。羽状三出复叶；托叶尖刺状锥形，边缘全缘；叶柄比小叶短，纤细；小叶长圆形或倒披针状长圆形，先端钝圆，基部楔形，边缘疏生浅锯齿，上面无毛，下面被细柔毛，侧脉 12～15 对，平行直达叶缘齿尖，两面均不隆起，顶生小叶稍大，具较长小叶柄，侧小叶柄短。花：总状花序腋生，具 40～100 朵花，排列疏松；苞片线形；花梗短，长 1～1.5 毫米；花萼钟形，微被柔毛，萼齿三角状披针形，短于萼筒；花冠白色，旗瓣椭圆形，稍长于翼瓣，龙骨瓣与冀瓣等长或稍短；子房卵状披针形，上部渐窄至花柱，无毛，胚珠 3～4 粒。籽实：荚果椭圆形至长圆形，先端锐尖，具尖喙，表面脉纹细，网状，棕褐色，老熟后变黑褐色；种子 1～2 粒。种子卵形，棕色，表面具细瘤点。花期 5—7 月份，果期 7—9 月份。

生长习性：本种适应北方气候，生于田边、路旁荒地及湿润的沙地，是优良的饲料植物与绿肥。

危害情况：农田、路边、草场杂草。

分布：原产南美洲。欧洲地中海沿岸、中东、西南亚、中亚及西伯利亚均有分布。中国东北、华北、西北及西南各地有分布。湖南省湘西等地有分布。

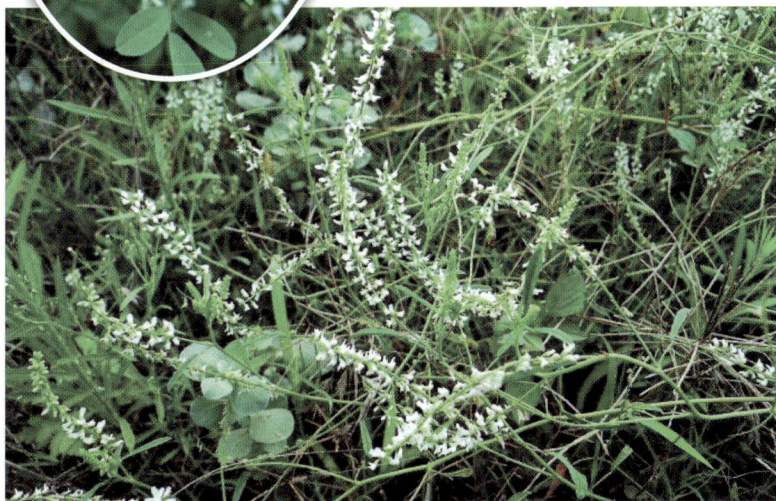

31. 印度草木犀 *Melilotus indicus* (L.) All.

分类地位：豆科 Leguminosae、草木犀属 *Melilotus* Mill.。

别名：小花草木犀、酸三叶草、野花生。

形态特征及植株：一年生草本。茎直立，作之字形曲折，自基部分枝，圆柱形，初被细柔毛，后脱落。羽状三出复叶；托叶披针形，边缘膜质，长4~6毫米，先端长，锥尖，基部扩大成耳状，有2~3枚细齿；叶柄细，与小叶近等长，小叶倒卵状楔形至狭长圆形，近等大，先端钝或截平，有时微凹，基部楔形，边缘在三分之二处以上具细锯齿，上面无毛，下面被贴伏柔毛，侧脉7~9对，平行直达齿尖。花：总状花序，细，总梗较长，被柔毛，具15~25朵花；苞片刺毛状，甚细；花小，花梗短；花萼杯状，长约1.5毫米，脉纹5条，明显隆起，萼齿三角形，稍长于萼筒；花冠黄色，旗瓣阔卵形，先端微凹，与翼瓣、龙骨瓣近等长，或龙骨瓣稍伸出；子房卵状长圆形，无毛，花柱比子房短，胚珠2粒。

籽实：荚果球形，长约2毫米，稍伸出萼外，表面具网状脉纹，橄榄绿色，熟后红褐色；有种子1粒。种子阔卵形，直径约1.5毫米，暗褐色。花期3—5

月份，果期 5—6 月份。

生长习性：生于旷野、路旁及盐碱性土壤。抗碱力强，味苦不适口，通常作保土植物，改良后也用作牧草。

危害情况：逸生为农田、果园杂草。全草含香豆精、纤维二糖，大剂量食用可导致恶心、呕吐、眩晕、心脏抑制、四肢发冷，马、羊等牲畜食此草过多，可产生麻醉。

分布：原产印度。现世界各地引种试验，在南、北美洲已沦为农田杂草。在中国主要分布于华中、西南和华南各地。湖南省长沙监测有发现。

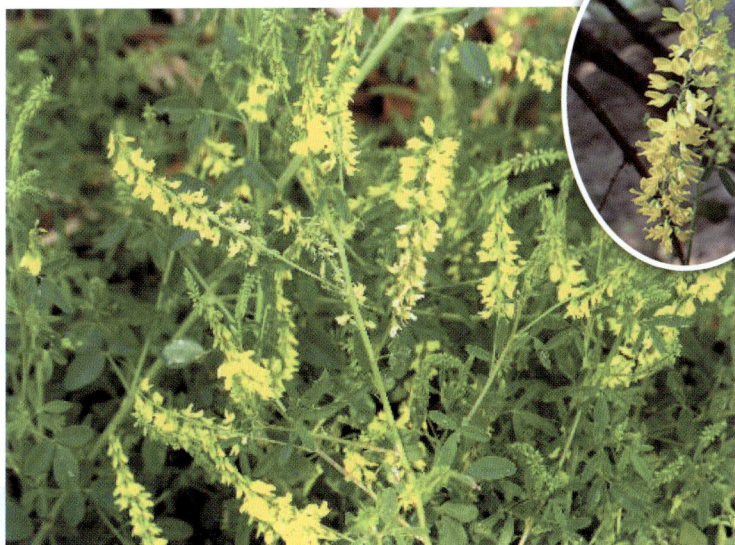

32. 草木犀 *Melilotus officinalis* (L.) Lam.

分类地位：豆科 Leguminosae、草木犀属 *Melilotus* Mill.。

别名：黄香草木犀、辟汗草。

形态特征及植株：二年生草本，高 40~100 厘米。茎直立，粗壮，多分枝，具纵棱，微被柔毛。羽状三出复叶；托叶镰状线形，长 3~5 毫米，中央有 1 条脉纹，边缘全缘或基部有 1 枚尖齿；叶柄细长；小叶倒卵形、阔卵形、倒披针形至线形，先端钝圆或截形，基部阔楔形，边缘具不整齐疏浅齿，上面无毛，粗糙，下面散生短柔毛，侧脉 8~12 对，平行直达齿尖，两面均不隆起，顶生小叶稍大，具较长的小叶柄，侧小叶的小叶柄短。花：总状花序，腋生，具 30~70 朵花，初时稠密，花开后渐疏松，花序轴在花期中显著伸展；苞片刺毛状；花梗与苞片等长或稍长；有萼钟形、萼齿三角状披针形，稍不等长，比萼筒短；花冠黄色，旗瓣倒卵形，与翼瓣近等长，龙骨瓣稍短或三者均近等长；雄蕊筒在花后常宿存包于果外；子房卵状披针形，胚珠 4~8 粒，花柱长于子房。籽实：荚果卵形，先端具宿存花柱，表面具凹凸不平的横向细网纹，棕黑色。种子卵形，长约 2.5 毫米，黄褐色，平滑。花期 5—9 月份，果期 6—10 月份。

生长习性：耐碱性土壤。生于山坡、河岸、路旁、砂质草地及林缘。

危害情况：农田和果园杂草，侵入多处自然保护区。

分布：原产西亚至南欧。欧洲地中海东岸、中东、中亚、东亚均有分布。在中国主要分布于东北、华南和西南各地，其余各省常见栽培。湖南省常德等地有分布。

33. 南苜蓿 *Medicago polymorpha* L.

分类地位：豆科 Leguminosae、苜蓿属 *Medicago* L.。

别名：金花菜、黄花草子。

形态特征及植株：一、二年生草本，高 20~90 厘米。茎平卧、上升或直立，近四棱形，基部分枝，无毛或微被毛。羽状三出复叶；托叶大，卵状长圆形，先端渐尖，基部耳状；叶柄柔软，细长，上面具浅沟；小叶倒卵形或三角状倒卵形，纸质，先端钝，边缘 1/3 以上具浅锯齿，上面无毛，下面被疏柔毛，无斑纹。花：总状花序，腋生，具 2~6 花朵；花小，黄色，花萼筒有疏柔毛；旗瓣长圆形或倒卵形，翼瓣椭圆形，长于龙骨瓣，龙骨瓣直立；雄蕊 10 枚；子房长圆形，镰状上弯，微被毛；花柱很短，针形，向内弯曲，柱头头状。籽实：荚果盘形，暗绿褐色，有辐射状脉纹，近边缘处环结，每圈外具棘刺或瘤突 15 枚，内具 1~2 粒种子。种子长肾形，棕褐色，平滑。花期 3—5 月份，果期 5—6 月份。

生长习性：喜温暖半湿润气候，非常抗旱，不耐水渍，抗寒性强，对土壤要求不严，常栽培或呈半野生状态。

危害情况：农田、路边、草场杂草。

　　分布：原产地中海地区。在全世界归化。在中国除东北和西北外，各地区广泛分布。湖南省湘西等地有分布。

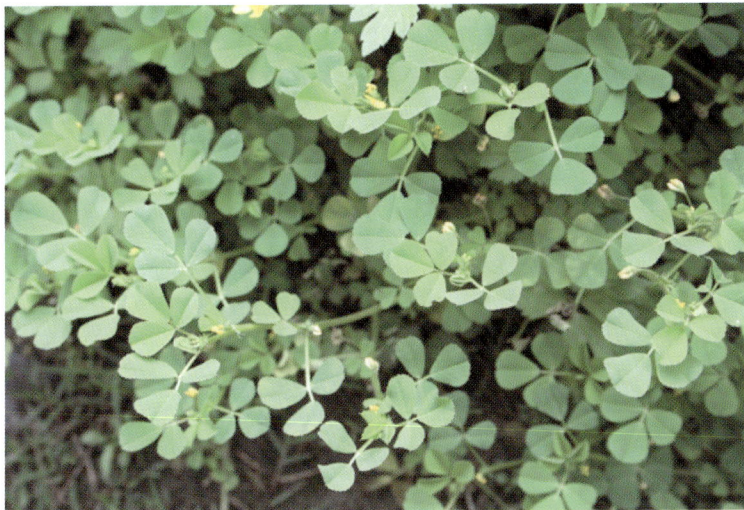

34. 紫苜蓿 *Medicago sativa* L.

分类地位：豆科 Leguminosae、苜蓿属 *Medicago* L.。

别名：紫花苜蓿、苜蓿。

形态特征及植株：多年生草本，高 0.3~1 米。茎自基部分枝，直立或斜向上，光滑，较粗壮，四棱形，无毛或微被柔毛。羽状三出复叶；托叶狭披针形，边缘全缘；叶柄比小叶短；小叶长卵形、倒长卵形或线状卵形，等大，或顶生小叶稍大，边缘 1/3 以上具锯齿，上面无毛，下面被贴伏柔毛，侧脉 8~10 对；顶生小叶柄比侧生小叶柄稍长。花：花序总状或头状，具 5~10 朵花；花序梗比叶长；苞片线状锥形，比花梗长或等长；花萼钟形，萼齿比萼筒长；花冠淡黄、深蓝或暗紫色，花瓣均具长瓣柄，旗瓣长圆形，明显长于翼瓣和龙骨瓣，龙骨瓣稍短于翼瓣；子房线形，具柔毛，花柱短宽，柱头点状，胚珠多数。籽实：荚果螺旋状，无刺，先端有尖喙嘴。种子 10~20 粒。种子卵圆形，微弯或扭曲，平滑，有光泽。花期 5—7 月份，果期 6—8 月份。

生长习性：喜光，耐寒，耐旱，适生于中性和微酸性土壤。

危害情况：农田、路边、草场杂草。

　　分布：原产亚洲西部。欧亚大陆和世界各国广泛种植。中国各地区广泛分布。湖南省常德、湘西等地有分布。

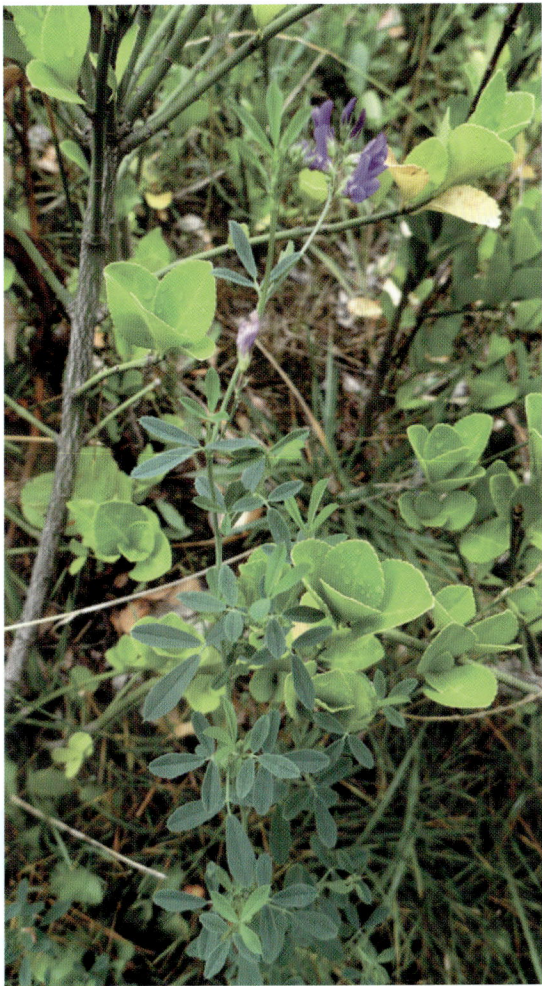

35．红花酢浆草 *Oxalis corymbosa* DC.

分类地位：酢浆草科 Oxalidaceae、酢浆草属 *Oxalis* L.。

别名：铜锤草、大酸味草、南天七。

形态特征及植株：多年生直立草本。无地上茎，地下部分有多数球状小鳞茎，外层鳞片膜质，褐色，背具 3 条肋状纵脉，被长缘毛，内层鳞片呈三角形，无毛。叶基生；叶柄长，被毛；小叶 3 枚，扁圆状倒心形，长 1~4 厘米，宽 1.5~6 厘米，先端凹陷，两侧角钝圆形，基部宽楔形。花：总花梗基生，二歧聚伞花序，通常排列成伞形花序式，总花梗长 10~40 厘米或更长，被毛；花梗、苞片、萼片均被毛；花梗长 5~25 毫米，每花梗有披针形干膜质苞片 2 枚；萼片 5 枚，披针形，长约 4~7 毫米，先端有暗红色长圆形的小腺体 2 枚；花瓣 5 枚，倒心形，为萼长的 2~4 倍，无毛，淡红色，有深红色条纹，基部绿色；雄蕊 10 枚，长的 5 枚超出花柱，另 5 枚长至子房中部，花丝被长柔毛；花柱 5 枚，被锈色长柔毛。籽实：蒴果角果状，有毛。但常不育。花果期 3—12 月份。

生长习性：喜温和或温暖气候。以小鳞茎行营养繁殖。

危害情况：为旱地杂草。可侵入旱作物田、蔬菜地、果园，一般危害不大。

分布：原产热带美洲。世界温暖地区广泛归化。在中国各地区广泛分布。

近似植物：紫心酢浆草（*Oxalis articulate Sav.*）。地下具分枝的木质块茎，叶色较浅，不为深绿色，花瓣基部深紫红色而非绿色。原产南美洲。国内各地作观赏花卉引种，常有逸生。湖南省内广泛分布。

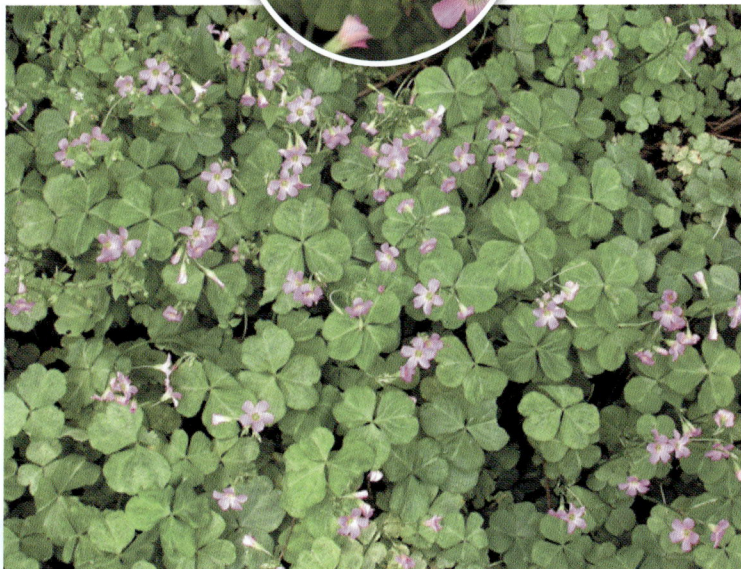

36. 野老鹳草 *Geranium carolinianum* L.

分类地位：牛儿苗科 Geraniaceae、老鹳草属 *Geranium* L.。

别名：老鹳嘴、老鸦嘴、贯筋。

形态特征及植株：一年生草本。高 20~60 厘米；全株有细柔毛。茎直立，下部伏卧，单一或多数，具棱角，密被倒向短柔毛，带紫红色。基生叶早枯，茎生叶互生或最上部对生；叶互生，叶圆肾形，基部心形，5~7 道深裂，每道裂再 3~5 道裂，小裂片先端尖，两面有柔毛，下面叶脉隆起。花：花淡粉红色，花萼 5 枚，萼片卵形或卵状披针形，先端芒尖状，背面密生柔毛；花瓣 5 枚，先端略凹陷；雄蕊 10 枚；子房 5 室，花柱 5 枚，联合成喙状。幼苗下胚轴很发达，红色；子叶肾形，先端微凹，有突尖，叶基心形，叶缘有睫毛，有叶柄；初生叶与后生叶均为掌状深裂，有明显掌状脉，具长柄。籽实：蒴果长棒状，长约 2 厘米，被短糙毛，果瓣由喙上部先裂向下卷曲。花期 4—7 月份，果期 5—9 月份。

生长习性：喜温暖湿润气候，耐寒、耐湿。常见于荒地、田园、路边和沟边。

危害情况：为旱地杂草。常侵入旱作物田、蔬菜地、果园和苗圃。

分布：原产北美洲。归化于旧大陆。在中国主要分布于华东、华中和西南地区。湖南省常德、衡阳、湘西、洞庭湖区等地有分布。

37. 蓖麻 *Ricinus communis* L.

分类地位：大戟科 Euphorbiaceae、蓖麻属 *Ricinus* L.。

别名：大麻子、老麻子、草麻。

形态特征及植株：一年生粗壮草本（温带地区）或灌木（热带地区），高 1～5 米；小枝、叶和花序通常被白霜，茎多液汁。叶互生，有长柄，盾状着生，轮廓近圆形，叶片大，圆形，直径 20～90 厘米，5～11 道掌状中裂，裂片边缘具锯齿，网脉明显；叶柄粗而中空，基部具盘状腺体；托叶长三角形，早落。花：总状或圆锥花序，长 15～30 厘米或更长；苞片宽三角形，膜质，早落；子房卵状，直径约 5 毫米，密生软刺或无刺，花柱红色，长约 4 毫米，顶部 2 道裂，密生乳头状突起。籽实：蒴果卵球形或近球形，果皮常具软刺，有 3 室；种子椭圆形，平滑，斑纹淡褐色或灰白色；种阜大。花期几近全年或 6—9 月份。

生长习性：喜高温，不耐霜，酸碱适应性强，在中国广为栽培。从沿海至 2 300 米的山区均可生长。

危害情况：早期作为药用植物引进，20 世纪 50 年代开始作为油脂作物推广栽培，逸生后成为高大的杂草，排挤本地植物或危害栽培植物。在南方，多年生的蓖麻也是多种病虫害的寄主，为一些虫害越冬创造了条件。蓖麻种子含有蓖麻毒蛋白及蓖麻碱，误食种子，可造成中毒甚至死亡。

分布：原产非洲东北部。广泛分布于世界热带地区或栽培于热带至温热带国家。中国各地区有栽培和归化。湖南省衡阳、湘西等地有分布。

38．通奶草 *Euphorbia hypericifolia* L.

分类地位：大戟科 Euphorbiaceae、大戟属 *Euphorbia* L.。

别名：小飞扬草。

形态特征及植株：一年生草本，根纤细。茎直立，自基部分枝或不分枝，无毛或疏生柔毛。叶对生，狭长圆形或倒卵形，长1~2.5厘米，宽4~8毫米，先端钝或圆形，基部圆形，边缘全缘或基部以上具细锯齿，上面深绿色，下面淡绿色，有时略带紫红色，两面被稀疏的柔毛，或上面的毛早脱落；托叶三角形，分离或合生；苞叶2枚，与茎生叶同形。花：花序数个，簇生于叶腋或枝顶，每个花序基部具纤细的柄，柄长3~5毫米；总苞陀螺状，边缘5裂，裂片卵状三角形；腺体4枚，边缘具白色或淡粉色附属物。雄花数枚，微伸出总苞外；雌花1枚，子房柄长于总苞；子房三棱状，无毛；花柱3枚，分离；柱头2浅裂。籽实：蒴果三棱状，平滑，无毛，成熟时分裂为3个分果爿。种子卵棱状，长约1.2毫米，直径约0.8毫米，每个棱面具数条皱纹，无种阜。花果期8—12月份。

生长习性：生于旷野荒地、路旁、灌木丛及田间。

危害情况：旱作物田、菜地和苗圃杂草。

分布：原产印度。现广泛分布于世界热带和亚热带地区。中国分布于华北和长江以南各地区。湖南省内广泛分布。

39．白苞猩猩草 *Euphorbia heterophylla* L.

分类地位：大戟科 Euphorbiaceae、大戟属 *Euphorbia* L.。

别名：柳叶大戟、台湾大戟。

形态特征及植株：多年生草本。茎直立，高达 1 米，被柔毛。叶互生，卵形至披针形，长 3～12 厘米，宽 1～6 厘米，先端尖或渐尖，基部钝至圆，边缘具锯齿或全缘，两面被柔毛；叶柄长 4～12 毫米；苞叶与茎生叶同形，较小，绿色或基部白色。花：花序单生，基部具柄，无毛；总苞钟状，高 2～3 毫米，边缘 5 裂，裂片卵形至锯齿状，边缘具毛；腺体常 1 枚，偶 2 枚，杯状；雄花多枚；苞片线形至倒披针形；雌花 1 枚，子房柄不伸出总苞外；子房被疏柔毛；花柱 3 枚；中部以下合生；柱头 2 裂。籽实：蒴果卵球状，被柔毛。种子棱状卵形，被瘤状突起，灰色至褐色；无种阜。花果期 2—11 月份。

生长习性：喜温暖干燥和阳光充足环境，不耐寒，怕霜冻，耐半阴，怕积水。

危害情况：旱作物田、菜地和苗圃杂草，全草有毒。

分布：原产北美洲。在泛热带地区归化。在中国分布于华北、华东、华中、华南、西南和西北地区。
湖南省内广泛分布。

40. 飞扬草 *Euphorbia hirta* L.

分类地位：大戟科 Euphorbiaceae、大戟属 *Euphorbia* L.。

别名：大飞扬草、乳籽草、节节花。

形态特征及植株：一年生草本。茎被褐色或黄褐色的多细胞粗硬毛。叶对生，披针状长圆形、长椭圆状卵形或卵状披针形，长 1~5 厘米，宽 5~13 毫米，先端极尖或钝，基部略偏斜；边缘于中部以上有细锯齿，中部以下较少或全缘；叶柄极短，长 1~2 毫米。花：花序多数，于叶腋处密集成头状，基部无梗或仅具极短的柄，变化较大，且具柔毛；总苞钟状，高与直径各约 1 毫米，被柔毛，边缘 5 裂，裂片三角状卵形；腺体 4 枚，近于杯状，边缘具白色附属物；雄花数枚，微达总苞边缘；雌花 1 枚，具短梗，伸出总苞之外；子房三棱状，被少许柔毛；花柱 3 枚，分离；柱头 2 浅裂。籽实：蒴果三棱状，长与直径均为 1~1.5 毫米，被短柔毛，成熟时分裂为 3 个分果爿。种子近圆状四棱，每个棱面有数个纵槽，无种阜。花果期 6—12 月份。

生长习性：种子繁殖。常生于向阳山坡、山谷、路旁或灌木丛中。

危害情况：为旱地杂草。危害旱作物田、菜地和果园，危害不大。全株有毒，有致泻作用。

分布：原产非洲热带地区。现广泛分布于热带、亚热带地区。在中国分布于华北、华中、华东、华南和西南地区。湖南省衡阳、常德、湘西、洞庭湖区等地有分布。

41. 斑地锦 *Euphorbia maculata* L.

分类地位：大戟科 Euphorbiaceae、大戟属 *Euphorbia* L.。

别名：血筋草、美洲地锦。

形态特征及植株：一年生草本。茎柔细，弯曲，多分枝，匍匐，被白色疏柔毛。叶对生，椭圆形或倒卵状椭圆形，长6~12毫米，宽2~4毫米，先端钝，基部偏斜，近圆形，边缘上部常有细小锯齿，下部全缘，两面无毛，上面绿色，中央有紫斑，下面淡绿色；叶柄短；托叶钻状，边缘有缘毛。花：花序腋生，具短柄；总苞狭杯状，高0.7~1.0毫米，外部被疏柔毛，边缘5裂；腺体4枚，黄绿色，椭圆形。雄花4~5枚；雌花1枚，子房柄伸出总苞外，被柔毛；花柱短，短头2裂。籽实：蒴果三角状球形，直径约2毫米，被稀疏柔毛。种子卵状四棱形，长约1毫米，直径约0.7毫米，灰色或灰棕色，每个棱面具5个横沟，无种阜。花期5—6月份，果期8—9月份。

生长习性：生于原野、荒地、路边和园圃内，以及平原或低山坡的路旁湿地。

危害情况：旱作物田间杂草，常见于田间、苗圃和草坪中，容易蔓延，难以刈除。全株有毒。

分布：原产北美洲。现广泛分布于欧亚大陆。在中国华北、华东、华中、华南、西南以及新疆维吾尔自治区等地有分布。湖南省常德、湘西、洞庭湖区等地有分布。

42. 齿裂大戟 *Euphorbia dentate* Michx.

分类地位: 大戟科 Euphorbiaceae、大戟属 *Euphorbia* L.。

别名: 紫斑大戟、锯齿大戟、齿叶大戟。

形态特征及植株: 一年生草本。茎单一,上部多分枝,高 20~50 厘米,直径 2~5 毫米,被柔毛或无毛。叶对生,线形至卵形,多变化,先端尖或钝,基部渐狭;边缘全缘、浅裂至波状齿裂,多变化;叶两面被毛或无毛;叶柄长 3~20 毫米,被柔毛或无毛;总苞叶 2~3 枚,与茎生叶相同;伞幅 2~3 面,长 2~4 厘米;苞叶数枚,与退化叶混生。花:花序数枚,聚伞状,生于分枝顶部,基部具长 1~4 毫米短柄;总苞钟状,高约 3 毫米,直径约 2 毫米,边缘 5 裂,裂片三角形,边缘撕裂状;腺体 1 枚,二唇形,生于总苞侧面,淡黄褐色;雄花数枚,伸出总苞之外;雌花 1 枚,子房柄与总苞边缘近等长;子房球状,光滑无毛;花柱 3 枚,分离;柱头 2 裂。籽实:蒴果扁球状,长约 2 毫米,黑色或褐黑色,表面粗糙,具不规则瘤状突起,腹面具一黑色沟纹;种阜盾状,黄色,无柄。花果期 7—10 月份。

生长习性: 生于杂草丛、路旁及沟边。喜温暖、潮湿。

危害情况：为小麦、大豆、洋葱、麻类、芝麻等多种作物地的主要杂草，有毒，繁殖力很强，一旦入侵传播，将对中国农业生产和人畜健康产生严重危害。

分布：原产北美洲。在中国北京市、广西壮族自治区、河北省、湖南省、江苏省、云南省、浙江省等地有分布。湖南省湘西等地有分布。

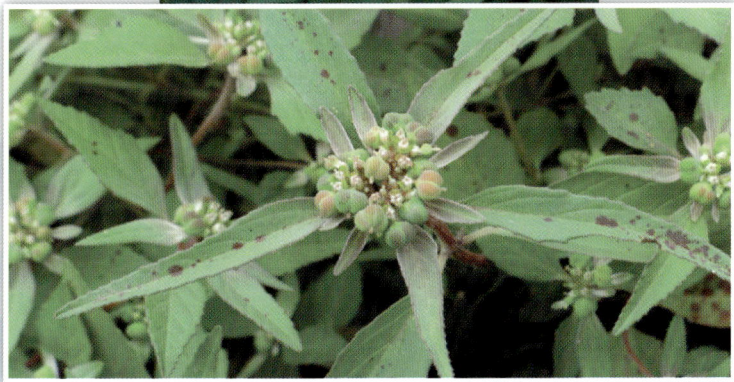

43. 野西瓜苗 *Hibiscus trionum* L.

分类地位：锦葵科 Malvaceae、木槿属 *Hibiscus* L.。

别名：香铃草。

形态特征及植株：一年生草本。茎柔软，常横卧或斜生，具白色星状粗毛。叶互生，下部叶圆形，不分裂或 5 浅裂，上部叶掌状 3~5 全裂，直径 3~6 厘米；裂片倒卵形，常羽状分裂，两面有星状粗刺毛；叶柄细长，长 2~4 厘米。花：单生于叶腋，花梗果时延长达 4 厘米，被星状粗硬毛；小苞片 12 枚，条形，长约 8 毫米；花萼钟形，淡绿色，长 1.5~2 厘米，裂片 5 枚，膜质，三角形，具纵向紫色条纹，中部以上合生；花冠淡黄色，内面基部紫色；花瓣 5 枚，倒卵形，长约 2 厘米，外面疏被极细柔毛；雄蕊柱长约 5 毫米，花丝纤细，花药黄色；花柱无毛。籽实：蒴果长圆状球形，直径约 1 厘米，被粗硬毛，果瓣 5 枚，果皮薄，黑色；种子肾形，黑色，具腺状突起。花果期 7—10 月份。

生长习性：常见于田间地头、原野荒地、草地。适生于较湿润而肥沃的土壤中，亦较耐旱。

危害情况：常见于农田杂草，多生长在旱作物地和果园中，竞争水源和养分，导致农作物减产。

　　分布：原产非洲中部。广泛分布于欧洲、亚洲和北美洲。在中国各地区广泛分布。湖南省内广泛分布。

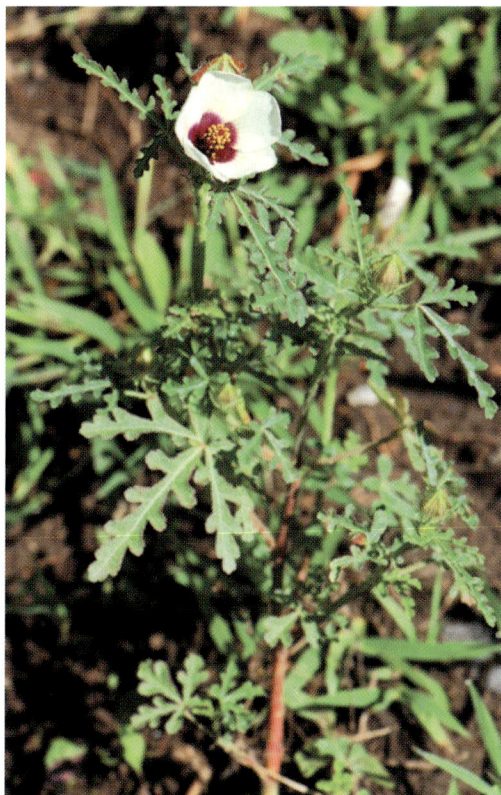

44．单刺仙人掌 *Opuntia monacantha*(Willd.) Haw.

分类地位：仙人掌科 Cactaceae、仙人掌属 *Opuntia Mill.*。

别名：月月掌、绿仙人掌。

形态特征及植株：肉质灌木或小乔木，高 1.3～7 米，老株常具圆柱状主干。分枝开展，先端圆形，嫩时薄而皱，鲜绿而有光泽，无毛，疏生小窠。小窠圆形，直径 3～5 毫米，具短绵毛、倒刺刚毛和刺。其刺针状，灰色，具黑褐色尖头，刺长达 7.5 厘米；短绵毛灰褐色；倒刺刚毛黄褐色至褐色，有时隐藏于短绵毛中。叶钻形，绿色或带红色，早落。花：花辐状，直径 5～7.5 厘米；花托绿色，倒卵形，基部渐狭，无毛；萼状花被片深黄色；瓣状花被片深黄色，倒卵形至长圆状倒卵形；花丝淡绿色；花药淡黄色；柱头 6～10 枚，黄白色。籽实：浆果梨形或倒卵球形，无毛，紫红色，每侧具小窠，且小窠突起，通常无刺。种子多数，肾状圆形，淡黄褐色，无毛。花期 4—8 月份。

生长习性：喜强烈光照，耐炎热、干旱、瘠薄，生命力顽强。

危害情况：一般性杂草。影响海岸原有的生态系统及其景观。仙人掌的刺和倒刺刚毛均可刺伤人和家畜的皮肤。

分布：原产南美洲。世界各地广泛栽培，在热带地区常逸生。在中国福建省、广东省、广西壮族自治区、贵州省、海南省、黑龙江省、湖北省、湖南省、四川省、云南省、台湾省等地有分布。湖南省主要在湘西等地分布。

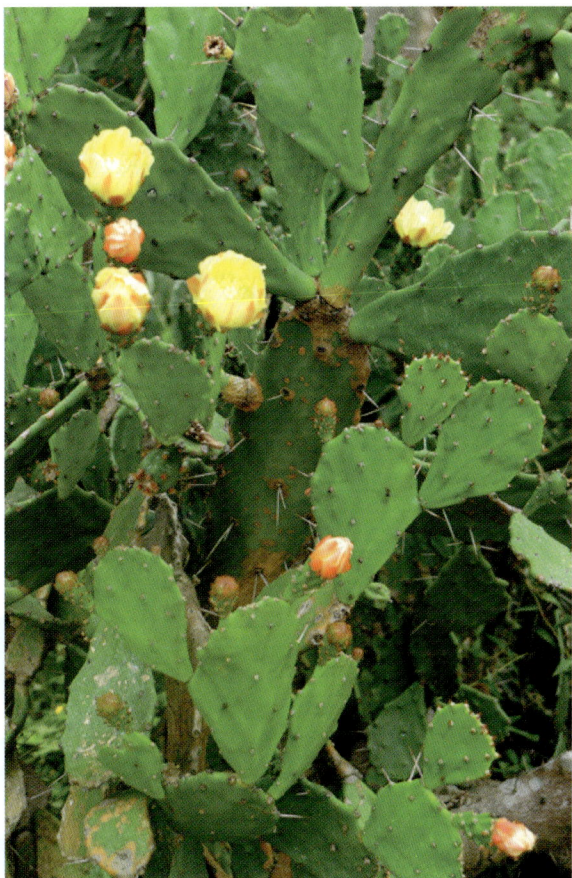

45. 小花山桃草 *Gaura parviflora* Lehm.

分类地位：柳叶菜科 Onagraceae、山桃草属 *Gaura* L.。

别名：光果小花山桃草。

形态特征及植株：一年生草本，主根茎达 2 厘米，全株有长柔毛；茎直立，不分枝，或在顶部花序之下少数分枝，高 50~100 厘米。基生叶宽呈倒披针形，先端锐尖，基部渐狭下延至柄。茎生叶狭呈椭圆形、长圆状卵形，有时菱状卵形，先端渐尖或锐尖，基部楔形下延至柄，侧脉 6~12 对。花：花序穗状，有时有少数分枝，生茎枝顶端，常下垂；苞片线形；花管带红色；萼片绿色，线状披针形；花瓣白色，以后变红色，倒卵形，先端钝，基部具爪；花丝长 1.5~2.5 毫米，基部具鳞片状附属物；花药黄色，长圆形，长 0.5~0.8 毫米；花柱长 3~6 毫米，伸出花管部分长 1.5~2.2 毫米；柱头围以花药，具 4 深裂。籽实：蒴果坚果状，纺锤形，具不明显 4 棱。种子 4 枚或 3 枚（其中 1 室的胚珠不发育），卵状，长 3~4 毫米，直径 1~1.5 毫米，红棕色。花期 7—8 月份，果期 8—9 月份。

生长习性：多生长于田间、路边和荒地处。在干旱沙质土壤上生长繁茂。

危害情况：为恶性杂草，危害农田和草坪。

分布：原产北美洲。在中国分布于安徽省、北京市、福建省、河北省、河南省、湖北省、江苏省、辽宁省、山东省、上海市、浙江省等地。湖南省邵阳等地有分布。

46. 细叶旱芹 *Cyclospermum leptophyllum* (Pers.) Sprague

异名：*Apium leptophyllum* (Pers.) F. Müller ex Benth.

分类地位：伞形科 Umbelliferae、细叶旱芹属 *Cyclospermum* La Gasca。

别名：香叶芹、细叶芹。

形态特征及植株：一年生草本，高 70~120 厘米。茎多分枝，无毛。基生叶三角状卵形，基部扩大成膜质叶鞘，3~4 回羽状分裂，末回裂片线形至丝状；茎生叶常为三出式羽状分裂，叶柄长 2.5~7 厘米，基部有鞘，鞘常有毛，叶脉 5~11 条；序托叶呈三出式的 2~3 回羽状分裂，叶柄呈鞘状。花：顶生或腋生的复伞形花序，无总花梗或稍有短梗；无总苞片；花白色或绿色；萼齿小或不明显；花瓣白色，淡黄色或淡蓝紫色，倒卵形，先端有内折的小舌片；花丝与花瓣等长；花药卵形；两性花 3~7 朵，花瓣的大小、形状同雄花；花柱短于花柱基。籽实：双悬果线状长圆形，长 7~9 毫米，宽 1.5~2.5 毫米，先端渐尖呈喙状，果棱线形，每棱中有油管 1 条，合生面有 2 条，钝，表面无毛；果梗长 3~6 毫米。花期 4—5 月份，果期 6—7 月份。

生长习性：喜湿、疏松土壤，通常生长在田野、荒地、草坪、路旁，常与其他杂草混生。种子繁殖。

危害情况：该种是常见的农田杂草之一，常生长在小麦、玉米、大豆、棉花等农田中，影响作物的正常生长，还可能成为多种病菌及害虫的寄主与传染源。

分布：原产南美洲。亚洲、大洋洲和北美洲广泛分布。在中国长江以南各地区广泛分布。湖南省内广泛分布。

47．野胡萝卜 *Daucus carota* L.

分类地位：伞形科 Umbelliferae、胡萝卜属 *Daucus* L.。

别名：鹤虱草。

形态特征及植株：二年生草本。茎单生，直立，全体表面有白色粗硬毛。基生叶长圆形，2~3回羽状全裂，裂片先端急尖，有小尖头，光滑或有糙硬毛；茎生叶近无柄，有叶鞘，末回裂片小或细长。花：疏松复伞形花序，总苞片5~8枚，叶状，羽状分裂，边缘膜质，有绒毛，裂片细长、线形、反折；小总苞由线形、不裂或羽状分裂的小总苞片构成；伞幅多数，结果时外缘伞幅向内弯折；花白色、黄色或淡红色；子房下位，密生细柔毛。籽实：果卵圆形，背部扁平，五棱线状且有刚毛，四棱有翅且翅上密生钩刺。分生果的横剖面背部扁平，每道棱的下方有油管1条、合生面2条，胚乳的腹面略凹陷或近平直。花期5—7月份，果期7—8月份。

生长习性：生于田野荒地、山坡、路旁。

危害情况：果、桑、茶园主要杂草之一。亦广泛生长于路旁和荒野，密度很大，影响景观。

分布：原产欧洲。现分布于世界各地。在中国各

地区广泛分布。湖南省衡阳、常德、湘西、洞庭湖区
等地有分布。

48. 三裂叶薯 *Ipomoea triloba* L.

分类地位：旋花科 Convolvulaceae、番薯属 *Ipomoea* L.。

别名：小花假番薯、红花野牵牛。

形态特征及植株：草质藤本。茎缠绕或有时平卧，无毛或散生毛且主要在节上。叶宽卵形至圆形，长 2.5～7 厘米，宽 2～6 厘米，全缘或有粗齿或深 3 裂，基部心形，两面无毛或散生疏柔毛；叶柄长 2.5～6 厘米，无毛或有小疣。花：花序腋生，花序梗短于或长于叶柄，较叶柄粗壮，无毛，明显有棱角，先端具小疣，1 朵花或少花至数朵花，呈伞形状聚伞花序；花梗多少具棱，有小瘤突，无毛；苞片小，披针状长圆形；萼片近相等或稍不等，长 5～8 毫米；花冠漏斗状，无毛，淡红色或淡紫红色，冠檐裂片短而钝，有小短尖头；雄蕊内藏，花丝基部有毛；子房有毛。籽实：蒴果近球形，高 5～6 毫米，具花柱基形成的细尖，被细刚毛，2 室，4 瓣裂。种子 4 粒或较少，长约 3.5 毫米，无毛。花期 7—9 月份。

生长习性：喜疏松肥沃土壤，多生在丘陵路旁、荒草地及田野。

危害情况：作物田、草地、路边、荒地等地常见杂草，其匍匐或攀援茎容易形成单优势群落而危害到作物及本地物种的生长。

分布：原产美洲热带地区。现已成为热带地区的杂草。在中国主要分布于安徽省、福建省、广东省、广西壮族自治区、湖南省、江苏省、辽宁省、陕西省、上海市、台湾省、云南省、浙江省、澳门特别行政区、香港特别行政区等地。湖南省长沙、岳阳、益阳、湘西等地有分布。

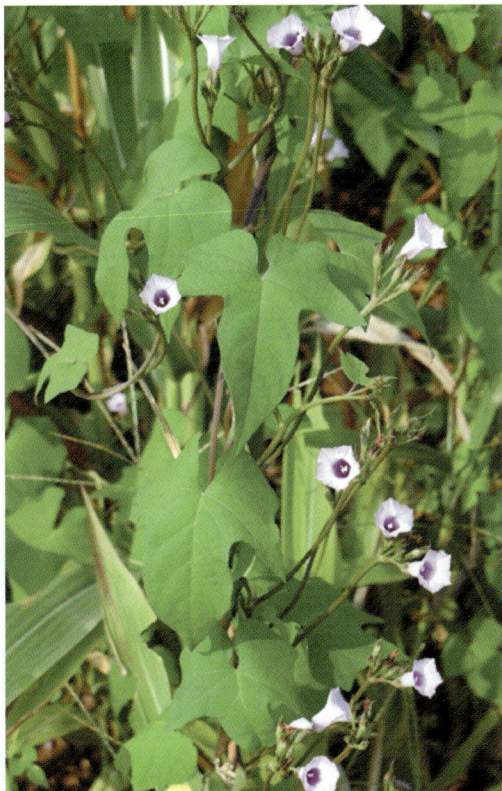

49. 瘤梗甘薯 *Ipomoea lacunose* L.

分类地位：旋花科 Convolvulaceae、番薯属 *Ipomoea* L.。

别名：野甘薯。

形态特征及植株：一年生缠绕草本。茎纤细，圆柱形，具细棱，被稀疏的疣基毛。叶：叶片宽卵形，长 2~8 厘米，宽 1.3~7 毫米，先端具尾状尖，基部宽心形，边缘全缘，或 3 浅裂，叶脉掌状；叶柄无毛或具疏柔毛，长 1~8 厘米。花：花单生或 2~5 朵簇生于叶腋。若簇生状，花具线状披针形的叶状苞片，花梗长 1.5~4 厘米，果期上部增粗，具瘤状突起；萼片 5 片，草质，披针形至椭圆状披针形，长 7~10 毫米，先端骤尖，无毛，外面 2 片具缘毛，内面 3 片具边缘膜质；花冠白色，漏斗形，长 1.5~2 厘米，先端 5 浅裂，裂片先端骤尖；雄蕊及花柱内藏；雄蕊 5 枚；花丝不等长，基部稍宽具柔毛；花药紫褐色；子房上部具柔毛；花柱细长，柱头头状。籽实：蒴果卵球形，直径 7~10 毫米，中上部具疣基毛，先端具宿存的锥状花柱基，4 瓣裂。种子 4 粒，三棱形，背部突起，黑色，光滑无毛，长 0.6~0.7 厘米。花果期 7—10 月份。

生长习性：常生于河边、荒地、灌木丛和苗圃。

危害情况：适应性强，缠绕和危害其他植物。

分布：原产北美洲。中国山东省、浙江省、福建省、湖南省、湖北省等地有分布。湖南省长沙、岳阳、益阳等地有分布。

50. 五爪金龙 *Ipomoea cairica* (L.) Sweet

分类地位：旋花科Convolvulaceae、番薯属*Ipomoea* L.。

别名：番仔藤、掌叶牵牛、五爪龙。

形态特征及植株：多年生草本，全体无毛，根块状。茎细长，无毛或粗糙，略具棱。叶5裂达基部，中裂片较大，卵形、卵状披针形或椭圆形，长4~5厘米，宽2~2.5厘米，基部一对裂片再浅裂或深裂，先端急尖或微钝而具短尖头；叶柄长2~8厘米，常具假托叶。花：花序具1朵至数朵花，花序梗长2~8厘米；苞片和小苞片均小，鳞片状，早落；花梗长0.5~2厘米；萼片不相等，外面两片较短，长4~6.5厘米，无毛；花冠粉红色或紫红色，稀白色，漏斗状，长5~7厘米；雄蕊内藏，不等长；雌蕊内藏；子房无毛；花柱纤细，柱头2裂。籽实：蒴果近球形，高约1厘米，2室，4瓣裂。种子黑色，长约5毫米，密被毛。花期夏秋，果期秋冬。

生长习性：喜阳光充足、温暖湿润气候，疏松肥沃土壤。多生于低海拔地区向阳处，常生于荒地、灌木丛、山地、水边。

危害情况：覆盖小乔木、灌木和草本植物，成为园林中的一种害草。

　　分布：原产热带非洲。中国西南、华南和华东有
分布。湖南省内广泛分布。

51. 圆叶牵牛 *Ipomoeapurpurea* (L.) Roth

分类地位：旋花科 Convolvulaceae、番薯属 *Ipomoea* L.。

别名：紫花牵牛、毛牵牛。

形态特征及植株：一年生缠绕草本，茎上被倒向的短柔毛并杂有倒向或开展的长硬毛。叶互生，具柄；叶片圆卵形或宽卵形，长 4～18 厘米，宽 3.5～16.5 厘米，基部圆，心形，先端骤尖或渐尖，通常全缘，偶有 3 裂，两面疏被或密被刚伏毛；叶柄长 2～12 厘米，毛被与茎同。花：花腋生，单一或 2～5 朵着生于花序梗顶端呈伞形聚伞花序，花序梗比叶柄短或近等长；苞片线形，被开展的长硬毛；花梗长 1.2～1.5 厘米，被倒向短柔毛及长硬毛；萼片近等长，外面 3 片长椭圆形，渐尖，内面 2 片线状披针形，外面均被开展的硬毛，基部更密；花冠漏斗状，紫红色、红色或白色，花冠管通常白色，瓣中带于内面色深，外面色淡；雄蕊与花柱内藏；雄蕊不等长，花丝基部被柔毛；子房无毛，3 室，每室 2 胚珠，柱头头状；花盘环状。籽实：蒴果近球形，直径 9～10 毫米，3 瓣裂。种子卵球状三棱形，长约 5 毫米，黑色或禾秆色，无毛或种脐处疏被柔毛。花期 5—10 月份，果期 8—11 月份。

生长习性：生于荒地或篱笆间，阳性，喜温暖，不耐寒，耐干旱瘠薄。种子繁殖。

危害情况：目前成为庭院常见杂草，有时危害草坪和灌木。

分布：原产热带美洲。世界各地广泛栽培和归化。中国各地区广泛分布。湖南省内广泛分布。

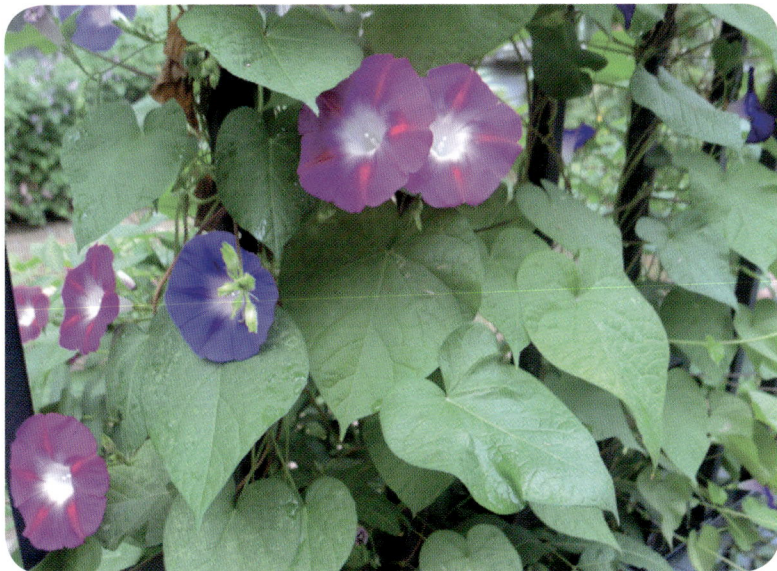

52. 牵牛 *Ipomoea nil* (L.) Roth

异名：*Pharbitis nil* (L.) Choisy。

分类地位：旋花科 Convolvulaceae、番薯属 *Ipomoea* L.。

别名：喇叭花。

形态特征及植株：一年生草本。茎缠绕，多分枝，被倒向柔毛。叶互生，具柄，被柔毛，叶片宽卵形或近乎圆形，常为 3 裂，偶尔为 5 裂，基部心形侧裂片较短，三角形，中裂片卵状长圆形，裂片先端骤尖，裂片之间几为直角。花：花序腋生，具 1~3 朵花，总花梗略短于叶柄；萼片 5 枚，披针形，基部密被开展的粗硬毛，先端长尾状，弯曲；花冠漏斗状，长 5~8 厘米，白色、蓝紫色或紫红色，先端 5 浅裂，花冠筒色淡；雄蕊 5 枚；子房 3 室，无毛；柱头头状。籽实：蒴果近球形，3 瓣裂。种子卵状三棱形，黑褐色或米黄色，被褐色短绒毛。花期 6—9 月份，果期 7—10 月份。

生长习性：适应性较强，喜阳光充足，亦可耐半遮荫。喜温暖。生于路旁、田中、篱笆上或灌木丛中。种子繁殖。

危害情况：路边、农田、苗圃、荒地常见杂草，对农作物和园艺植物有一定的危害性。

分布：原产热带美洲。现已广泛分布于中国各地并有逸生。

近似植物：裂叶牵牛 *Ipomoea hederacea* (L.) Jacq.，叶中裂片基部收缩，与侧裂片之间形成圆形的深弯缺，花冠长 3~4.5 厘米。原产热带美洲。中国各地有分布。湖南省内广泛分布。

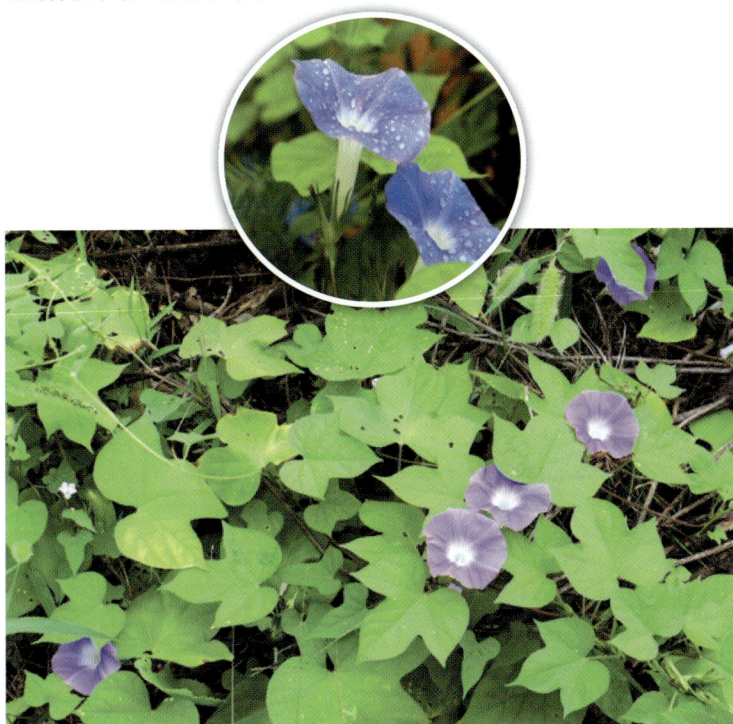

53. 原野菟丝子 *Cuscuta campestris* Yuncker

分类地位：旋花科 Convolvulaceae、菟丝子属 *Cuscuta* L.。

别名：野地菟丝子、田间菟丝子。

形态特征及植株：一年生寄生草本。茎缠绕，表面光滑，初为黄绿色，后转黄色至橙色，直径 0.5~0.8 毫米，与寄主茎接触膨大部分的直径可达 1 毫米或更粗，表面密生小瘤状突起，吸器棒状，无叶。花：花序侧生，每一花序有花 4~18 朵（多为 3~16 朵），密集呈球形花簇；花萼杯状，长约 1.5 毫米，近基部开裂，萼片 5 枚，椭圆形或圆形，有时长不及宽；花冠白色，短钟状，长约 2.5 毫米，裂片宽三角形，先端锐尖或钝，通常反折；子房球状，花柱 2 根，柱头球状。籽实：蒴果扁球形，直径约 3 毫米，高约 2 毫米。种子 1~4 粒，暗黄色，卵球形。花果期 12 月份至翌年 7 月份。

生长习性：生于路边、林缘或灌木丛中。

危害情况：禾本科杂草。

分布：通常认为原产北美洲。在中国分布于福建省、广东省、湖北省、广西壮族自治区、新疆维吾尔自治区、香港特别行政区等地区。湖南省岳阳等地有分布。

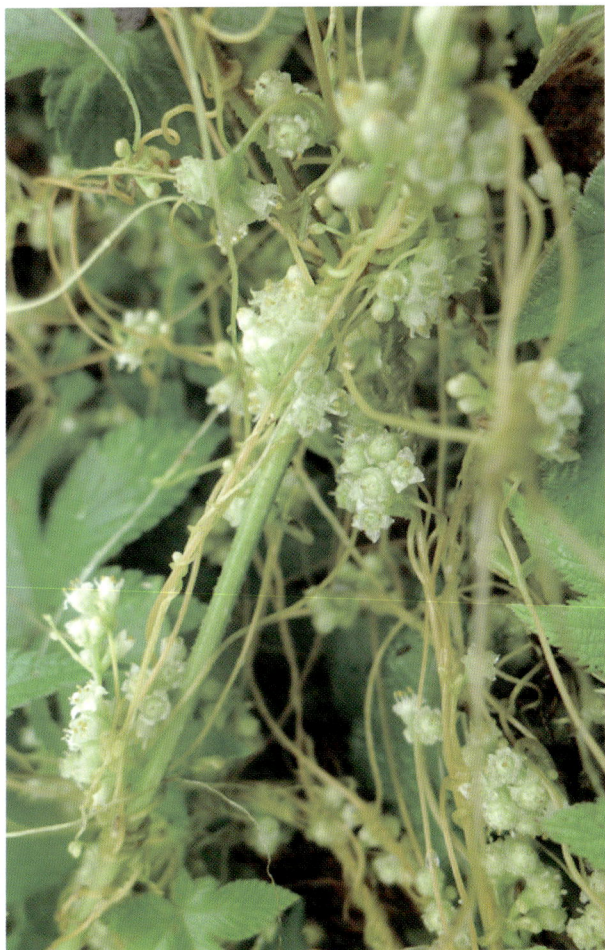

54. 马缨丹 *Lantana camara* L.

分类地位：马鞭草科 Verbenaceae、马缨丹属 *Lantana* L.。

别名：五色梅、五彩花、臭草、如意草、七变花。

形态特征及植株：直立或蔓性的灌木，高 1~2 米。植株有臭味。茎四方形，角上有倒钩刺。叶对生，有气味；叶卵形至卵状椭圆形，长 3~9 厘米，宽 1.5~5 厘米，边缘有锯齿，两面有糙毛。花：花序梗长于叶柄 1~3 倍；苞片披针形，有短柔毛；花萼管状，先端有极短的齿；花冠黄色、粉红色至深红色；雄蕊 4 枚，着生于花冠管的中部，2 枚在上，2 枚在下；子房 2 室，每室有胚珠 1 粒。籽实：果实球形，肉质，幼时绿色，成熟时紫黑色，内含 2 个骨质核。在热带地区可全年开花。

生长习性：常生长于海拔 80~1500 米的海边沙滩和空旷地区。喜温暖、湿润、阳光充足的环境，喜光，耐干旱，不耐寒，适宜生长温度为 20~25℃，冬季越冬温度应不低于 5℃，在疏松、肥沃、排水良好的砂壤土上生长较好。耐修剪，中国长江以北多作盆栽。

危害情况：该种已成为牧场、林场、茶园和橘园的恶性杂草，有化感作用，严重破坏森林资源和生态环境。同时，也是牧场和林场中鼠类、野猪和有害昆虫的藏身之处。它还是一种有毒植物，动物和人类摄食叶片或果实均可中毒。

分布：原产美洲热带地区。现世界热带地区均有分布。中国除东北和西北外，各地区均有栽培，在南方常有归化。湖南省衡阳、湘西等地有分布。

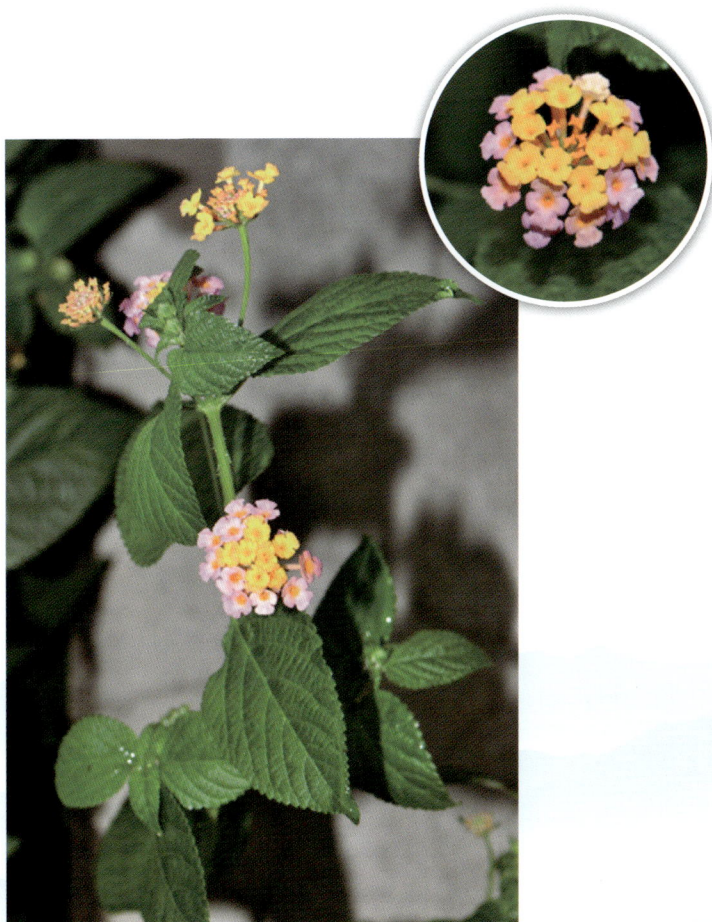

55. 曼陀罗 *Datura stramonium* L.

分类地位：茄科 Solanaceae、曼陀罗属 *Datura* L.。

别名：醉心花、洋金花、枫茄花、万桃花、闹羊花。

形态特征及植株：一年生草本。茎直立。叶宽卵形，先端渐尖，基部不对称楔形，边缘有不规则波状浅裂，裂片三角形，脉上有疏短柔毛。花：花单生于枝叉间或叶腋；花萼筒状，具 5 个棱角，长 4~5 厘米，淡黄绿色；花冠漏斗状，长 6~10 厘米，上部白色或紫色；雄蕊 5 枚，生于花冠管内，花药线形，扁平，基部着生；雌蕊 1 枚，子房球形，2 室，疏生短刺毛，胚珠多数，花柱丝状，柱头盾形。籽实：蒴果直立，卵球形，长 3~4.5 厘米，表面生有坚硬针刺或有时无刺而近平滑，成熟后淡黄色，不规则 4 瓣裂。种子卵圆形，稍扁，长约 4 毫米，黑色。花期 6—10 月份，果期 7—11 月份。

生长习性：多野生在田间、沟旁、道边、河岸、山坡等地方。喜温暖、向阳及排水良好的砂质壤土。最常见的是在公路两旁的沙地。

危害情况：为旱地、宅旁主要杂草之一。亦发生于路旁和荒野，影响景观。对人和牲畜有毒。

分布：原产墨西哥。世界温带至热带地区广泛引种和归化。中国各地均有栽培和分布。

近似植物：粗刺曼陀罗（*Datura ferox* L.）花冠较短，长 4~6.5 厘米，檐部直径 2~3 厘米；刺粗钻形，长可达 3 厘米，基部圆锥状。原产热带美洲，而非中国产，近年来该物种的种子在中国进口粮谷中常有检出。其种子在"口岸外来杂草监测实验站"温室栽培后得到完整的全株标本。湖南省常德、衡阳、洞庭湖区等地有分布。

56. 苦蘵 *Physalis angulata* L.

分类地位：茄科 Solanaceae、酸浆属 *Physalis* L.。

别名：蘵草、灯笼草。

形态特征及植株：一年生草本，被疏短柔毛或近似无毛；茎多分枝，纤细，有棱。叶柄长 1~5 厘米，叶片卵形至卵状椭圆形，先端渐尖或急尖，基部宽楔形或楔形，全缘或有不等大的齿状裂口，两面近乎无毛。花：花单生于叶腋；花梗长 5~12 毫米，萼钟状，5 中裂，裂片披针形或近三角形，生缘毛；花冠钟状，淡黄色，喉部常有紫色斑纹；花药矩圆形，蓝紫色或有时黄色；子房 2 室，花柱线形，柱头具不明显的 2 枚裂片。籽实：浆果球形，直径约 1.2 厘米，光滑无毛，黄绿色，包藏于扩大的宿存花萼中。种子肾形或近乎卵圆形，两侧扁平，淡棕褐色，表面具细网状纹。花果期 5—12 月份。

生长习性：喜肥沃、疏松土壤。常生于海拔 500~1 500 米的山谷林下及村边路旁。

危害情况：为旱地、宅旁的主要杂草之一，危害玉米、棉花、大豆等作物。

分布：原产南美洲。日本、印度、澳大利亚和美洲亦有。中国主要分布于华东、华中、华南及西南地区。湖南省内广泛分布。

57. 假酸浆 *Nicandra physaioides* (L.) Gaertn

分类地位：茄科 Solanaceae、假酸浆属 *Nicandra* Adans.。

别名：冰粉、大千生、水晶凉粉。

形态特征及植株：一年生草本，高 50~80 厘米。主根长锥形，有纤细的须根。茎棱状圆柱形，有 4~5 条纵沟，绿色，有时带紫色，上部三叉状分枝。单叶互生，卵形或椭圆形，草质，先端渐尖，基部阔楔形下延，边缘有不规则的锯齿且成皱波状，两面有稀疏毛，侧脉 4~5 对，上面凹陷，下面凸起。花：单生于叶腋，通常具较叶柄长的花梗，俯垂；花萼 5 深裂，裂片顶端尖锐，基部心形，有 2 枚尖锐的耳片，结果时包围果实，直径 2.5~4 厘米；花冠钟状，浅蓝色，直径达 4 厘米，檐部有折襞，5 浅裂；雄蕊 5 枚；子房 3~5 室。籽实：浆果球状，直径 1.5~2 厘米，黄色，被膨大的宿萼所包围。种子淡褐色，直径约 1 毫米。花果期夏秋季。

生长习性：喜肥沃、疏松土壤，生于田边、荒地、庭园周围、篱笆边。

危害情况：为旱地、宅旁的杂草之一。亦生长于路旁和荒野，影响景观。有时也入侵自然保护区。

    分布：原产秘鲁。中国各地区广泛分布。湖南省长沙、岳阳等地有分布。

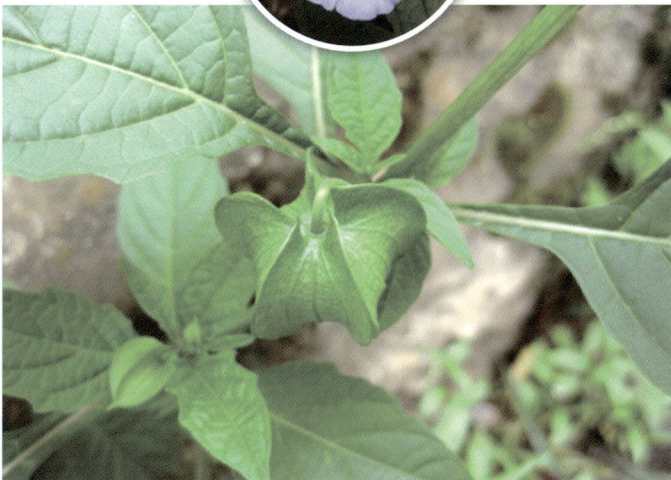

58. 喀西茄 *Solanum aculeatissimum* Jacq.

分类地位：茄科 Solanaceae、茄属 *Solanum* L.。

别名：苦颠茄、苦天茄、刺天茄。

形态特征及植株：多年生草本或亚灌木，全株被硬毛、腺毛及基部有宽扁直刺，刺长 0.2~1.5 厘米；茎基部常木质化。叶宽卵形，长 6~15 厘米，先端渐尖，基部戟形，5~7 深裂，裂片边缘呈不规则齿裂及浅裂，上面沿叶脉毛密，侧脉疏被直刺；叶柄粗壮，长 3~7 厘米。花：蝎尾状总花序，腋外生，花单生或 2~4 朵共生；花萼钟状，裂片长圆状披针形，具长缘毛；花冠筒淡黄色，长约 1.5 毫米，冠檐白色，裂片披针形，长约 1.4 厘米，具脉纹，反曲；花药顶端延长，长 6~7 毫米，顶孔向上；子房球形，被微绒毛，花柱纤细、光滑，柱头截形。籽实：浆果球形，直径 2~2.5 厘米，初时绿白色，具绿色花纹，成熟时淡黄色，宿萼上具纤毛及细直刺，后逐渐脱落；种子淡黄色，近乎倒卵形，扁平，直径约 2.5 毫米。花期春夏季，果期夏秋季。

生长习性：喜生于沟边、路边灌木丛、荒地、草坡或疏林中。种子繁殖。

危害情况：具刺杂草，全株含有毒生物碱，未成熟果实毒性较大，人和家畜误食可引起中毒。

分布：原产巴西。现广泛分布于亚洲及非洲热带地区。在中国主要分布于长江以南各地。湖南省怀化、湘西、张家界、郴州宜章等地有分布。

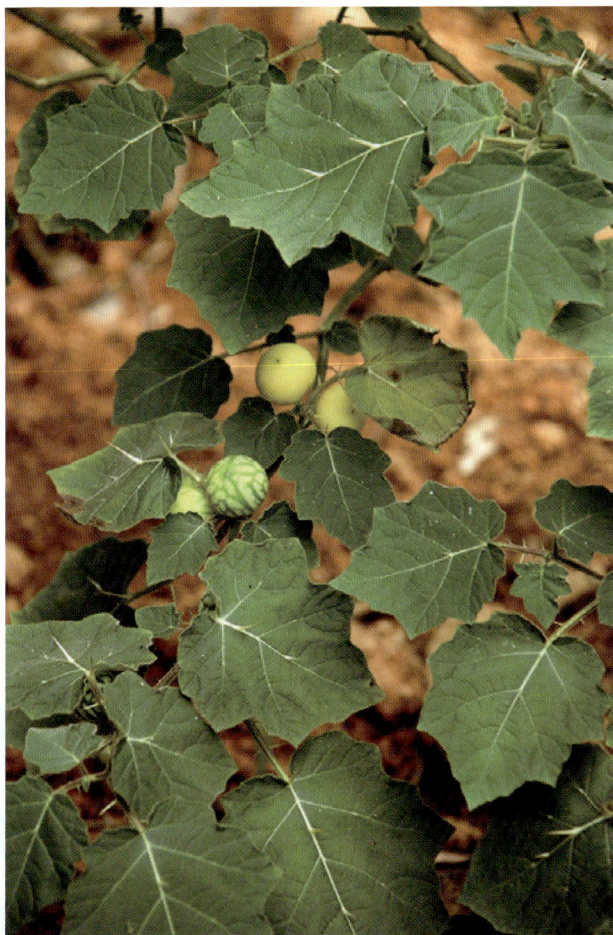

59. 牛茄子 *Solanum capsicoides* All

分类地位：茄科 Solanaceae、茄属 *Solanum* L.。

别名：番鬼茄、大颠茄、颠茄子。

形态特征及植株：多年直立草本至亚灌木，高 30~60 甚至 100 厘米，除茎、枝外各部均被具节的纤毛和长硬刺。叶宽卵形，长 5~10.5 厘米，宽 4~12 厘米，先端短尖至渐尖，基部心形，5~7 浅裂或半裂，裂片三角形或卵形，边缘浅波状，无毛或脉疏被纤毛，缘毛较密，侧脉被细刺；叶柄粗壮，长 2~5 厘米，微具纤毛及细刺。花：聚伞花序，腋外生，长不超过 2 厘米，花少。花梗纤细，被直刺及纤毛；花萼杯状，被细刺及纤毛，裂片卵形；花冠白色，筒部隐于萼内，裂片披针形；花丝长约 2.5 毫米，花药长为花丝长度的 2.4 倍；子房球形，无毛，柱头头状。籽实：浆果扁球状，直径约 3.5 厘米，初绿白色，成熟后橙红色，果梗长 2~2.5 厘米，具细直刺；种子边缘呈翅状，直径约 4 毫米。花果期 5—10 月份。

生长习性：喜生于路旁荒地、疏林或灌木丛中。种子繁殖。

危害情况：果有毒，不可食，属具刺杂草，植株及果含龙葵碱，误食后可导致人畜中毒。

　　分布：原产巴西。现广泛分布于世界温暖地区。中国主要分布于重庆市、上海市、福建省、广东省、广西壮族自治区、贵州省、海南省、河南省、湖北省、湖南省、江苏省、江西省、辽宁省、山东省、四川省、云南省、浙江省、台湾省、香港特别行政区等地区。湖南省衡阳等地有分布。

60. 假烟叶树 *Solanum erianthum* D. Don

分类地位：茄科 Solanaceae、茄属 *Solanum* L.。

别名：野烟叶、土烟叶、茄树。

形态特征及植株：多年生小灌木。小枝、叶、叶柄、花序梗、花萼、花冠及子房均密被星状毛。叶卵状长圆形，先端短渐尖，基部宽楔形，下面毛被较厚，全缘或稍呈波状，侧脉 5~9 对；叶柄长 1.5~5.5 厘米。花：圆锥花序，近顶生，花序梗长 3~10 厘米；花梗长 3~5 毫米；花萼钟形，5 中裂，萼齿卵形，长约 3 毫米，中脉明显；花冠白色，冠檐 5 深裂，裂片长圆形，长 6~7 毫米，中肋明显。籽实：浆果球形，具宿存萼，直径约 1.2 厘米，黄褐色，初被星状簇绒毛，后渐脱落。种子扁平，直径 1~2 毫米。几乎全年开花结果。

生长习性：喜温暖气候，能耐一定的干旱、瘠薄。常见于荒山、荒地、灌木丛中，以及海拔 300~2 100 米之处。

危害情况：全株有毒，果实毒性较大。

分布：原产美洲热带地区。现广泛分布于热带亚洲及大洋洲。中国主要分布于重庆市、福建省、广东省、西藏自治区、广西壮族自治区、贵州省、海南省、湖南省、四川省、云南省、台湾省、澳门特别行政区、香港特别行政区等地区。湖南省内广泛分布。

61. 阿拉伯婆婆纳 *Veronica persica* Poir.

分类地位：玄参科 Scrophulariaceae、婆婆纳属 *Veronica* L.。

别名：波斯婆婆纳、灯笼草、灯笼婆婆纳。

形态特征及植株：一年生草本，全株有毛。茎自基部分枝，下部伏生地面，斜上，高 10~30 厘米。茎基部叶对生，有柄或近于无柄，上部互生，卵圆形、卵状长圆形，长、宽 1~2 厘米，边缘有钝锯齿，基部圆形，无柄或上部叶有柄。花：花单生于苞腋，花梗明显长于苞叶；苞片互生，呈叶状；花萼 4 深裂，长 6~8 毫米，裂片狭卵形，有睫毛，3 出脉；花冠蓝色、紫色或蓝紫色，有放射状蓝色条纹；有花柄，长 1.5~2.5 厘米，长于苞片；雄蕊 2 枚。籽实：蒴果肾形，2 深裂，倒扁心形，宽大于长，被腺毛，网脉明显，两裂片叉开 90° 以上，裂片顶端钝尖，宿存花柱明显超过凹口。种子舟形或长圆形，腹面凹入，表面有颗粒状的突起。花期 2—5 月份。

生长习性：有很强的无性繁殖能力，茎着土易生出不定根，重新形成植株。

危害情况：麦类、油菜、玉米、大豆、棉花等作物的农田杂草，同时成为黄瓜花叶病毒、李痘病毒、蚜虫等多种微生物和害虫的寄主。

　　分布：原产西亚及阿拉伯地区。现广泛分布于世界温带和亚热带地区。中国大部分地区有分布。湖南省内广泛分布。

62. 北美车前 *Plantago virginica* L.

分类地位：车前科 Plantaginaceae、车前属 *Plantago* L.。

别名：北美毛车前、毛车前、美洲车前。

形态特征及植株：一年生或二年生草本。直根细且有细侧根，全珠被白色柔毛。根茎短。叶基生呈莲座状，直立或平展；叶片长椭圆形至倒卵状披针形，长 3~18 厘米，宽 0.5~4 厘米，先端急尖或近圆形，边缘波状、疏生牙齿或近乎全缘，基部狭楔形，渐狭成柄，两面及叶柄散生白色柔毛，弧状脉 3~5 条；叶柄长 0.5~5 厘米，密被长柔毛，具翅或无翅，基部鞘状。花：穗状花序，细圆柱状，上部花密，下部花较疏；苞片披针形或狭椭圆形，内凹，长约 1.5 毫米，果期增大至 3 毫米，中脉有宽而厚的龙骨状突起，背面及边缘有白色疏柔毛；花萼 4 裂，长 1.5~2.5 毫米，背面有龙骨状突起及长柔毛；花冠 4 裂，白色至淡黄色，无毛，裂片卵状披针形，长约 2.5 毫米，先端锐尖，直立，不反折；花两型；胚珠 2 粒。籽实：蒴果卵球形，于基部上方周裂。种子 2 粒，卵形或长卵形，长 1 毫米或 1.4~1.8 毫米，腹面凹陷呈船形，黄褐色至红褐色，有光泽。花期 4—5 月份，果期 5—6 月份。

生长习性：生于铁路沿线地区的路边、田埂、宅旁、疏林、果园、菜地和夏熟作物田。

危害情况：一般性杂草。为果园、旱田及草坪杂草。当种群密度大、花粉数量较多时，可能会导致花粉过敏症。

分布：原产北美洲。中美洲、日本和欧洲也有分布。中国主要分布于北京市、上海市、重庆市、安徽省、福建省、广东省、广西壮族自治区、贵州省、湖北省、湖南省、江苏省、江西省、四川省、云南省、浙江省、台湾省等地区。湖南省衡阳、郴州、湘西等地有分布。

63. 阔叶丰花草 *Spermacoce alata* Aublet

异名：*Spermacoce latifolia* Aublet、*Borreria latifolia* (Aublet) K. Schum.。

分类地位：茜草科 Rubiaceae、丰花草属 *Spermacoce* L.。

别名：阔叶鸭舌癀舅、日本草。

形态特征及植株：多年生草本，被毛；茎和枝四棱柱形。单叶对生，叶椭圆形至卵状椭圆形，长 2~2.7 厘米，宽 1~4 厘米，先端锐尖或钝，基部阔楔形而有下延，上面平滑；叶柄长 4~10 毫米，扁平；叶柄间托叶膜质，被粗毛。花：花数朵丛生于托叶鞘内，无花梗；花萼被柔毛，上部柔毛较长，向下渐短，先端 4 齿裂，裂片长 1~2 毫米，萼管呈倒圆锥状，与子房合生；花冠漏斗状，柔弱，淡紫色，先端 4 齿裂，裂片长约 1.5 毫米，背卷，花冠管内侧疏被短柔毛；雄蕊 4 枚，着生于花冠管喉部，与花冠裂片互生；花丝长约 1 毫米，背着药，花药纵裂；雌蕊 1 枚，由两心皮组成；柱头 2 裂，花柱略短于花冠；子房下位，中轴胎座，2 室，每子房室内有胚珠 1 枚。籽实：蒴果椭圆形，长约 3 毫米，直径约 2 毫米，被毛；种子近椭圆形，两端钝，长约 2 毫米，直径约 1 毫米，干后浅褐色或黑褐色，无光泽，有小颗粒；种子有肥大的胚乳；胚包藏于胚乳之中，胚的长轴与种子长轴平行，胚根长圆柱形，子叶椭圆形。花果期 5—7 月份。

生长习性：喜光，常生于红壤中，见于海拔 1 000 米以下的废墟、荒地、沟渠边、山坡路旁，或为田园杂草。种子繁殖。

危害情况：入侵茶园、桑园、果园、咖啡园、橡胶园以及花生、甘蔗、蔬菜等旱作物地，对花生的危害尤为严重。

分布：原产热带美洲。1937 年因引进广东省等地作为军马饲料而传入中国，现分布于中国华东、华南地区和云南省等地。湖南省内广泛分布。

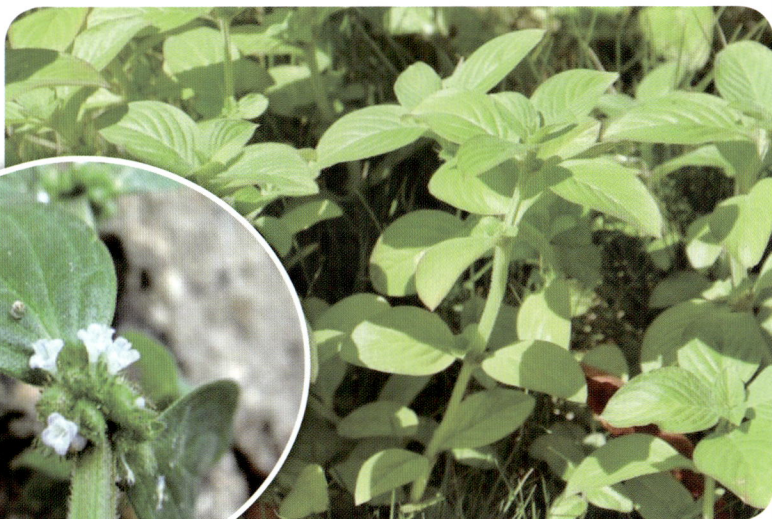

64. 藿香蓟 *Ageratum conyzoides* L.

分类地位：菊科Compositae、藿香蓟属 *Ageratum* L.。

别名：胜红蓟、一枝香。

形态特征及植株：一年生草本。茎直立，有分枝，稍有香味，被粗毛。叶对生，有时上部互生；叶卵形或菱状卵形，先端急尖，基部圆钝或宽楔形，边缘具圆锯齿，两面被白色稀疏柔毛和黄色腺点。花：头状花序，在茎端排列呈伞房状，总苞片2层，长圆形或披针状长圆形，边缘撕裂状，外面无毛；花浅蓝色或白色。籽实：瘦果黑褐色，具5条棱，冠毛膜片状，上部渐狭呈芒状。花果期全年。

生长习性：喜温暖、阳光充足的环境。对土壤要求不严。不耐寒，酷热环境亦生长不良。分枝力强。

危害情况：环境适应性很强，且种子产量大，易于传播，所以比较容易在环境适宜的地方形成入侵。它还能对周围的植物产生化感作用，抑制其他植物的生长。在中国西南、华南很多地方已经成为危害作物的一种恶性杂草，并且还有向北蔓延的趋势。

分布：原产中南美洲。现在非洲、亚洲热带和亚热带地区归化。中国各地区广泛分布。湖南省郴州、常德、衡阳、湘西、洞庭湖区等地有分布。

65．熊耳草 *Ageratum houstonianum* Mill.

分类地位：菊科 Compositae、藿香蓟属 *Ageratum* L.。

别名：大花藿香蓟。

形态特征及植株：一年生草本。茎直立，被白色长柔毛。叶对生，有时上部叶近乎互生，呈卵圆形或三角形，中部茎生叶长 2~6 厘米，宽 1.5~3.5 厘米，边缘有规则的圆锯齿，先端圆或急尖，基部心形或平截，两面被稀疏或稠密的长柔毛。花：头状花序 5~15 朵或更多，在茎枝顶端排成直径 2~4 厘米的伞房或复伞房花序；总苞钟形，总苞片 2 层，线状披针形，外被较密或稀疏的腺毛；花序全由管状花组成；花药基部钝，先端有附片；雌蕊花柱分枝棍棒状，与柱头无明显区别。籽实：瘦果略呈楔形，黑色，有 5 道纵棱，有时在棱上及棱间有稀疏的短糙毛。果脐圆，偏斜或稍偏斜；冠毛膜片状，5 枚，分离，长圆形或披针形。花果期全年。

生长习性：喜温暖及阳光充足的环境，不耐寒，酷暑期生长略受抑制。对土壤要求不严，对土壤水分和肥料要求适中，过分潮湿或氮肥过多都会导致开花不良。适应性强，耐修剪。

危害情况：常危害旱田作物，对甘蔗、花生、大豆危害较大，对果园及橡胶园亦会造成危害，在荒地及路边也常见到。

分布：原产墨西哥及其毗邻地区。中国主要分布于北京市、重庆市、上海市、天津市、安徽省、福建省、广东省、广西壮族自治区、贵州省、海南省、河北省、黑龙江省、湖南省、江苏省、山东省、四川省、云南省、浙江省、台湾省、澳门特别行政区、香港特别行政区等地区。湖南省湘西等地有分布。

66. 假臭草 *Praxelis clematidea* (Griseb.) R.M. King et H. Rob.

异名：*Eupatorium catarium* Veldkamp。

分类地位：菊科 Compositae、假臭草属 *Praxelis* Cass.。

别名：猫腥草。

形态特征及植株：多年生草本，高 0.7～1.2 米。茎、枝、叶柄、叶片两面、花序梗和花序的分枝均被白色多细胞的长柔毛。叶对生，叶柄长 0.5～1.5 厘米，茎基部叶花期萎谢，茎中部叶叶片卵形或宽卵形，长 2.5～4.5 厘米，宽 3～5 厘米，基部楔形，边缘有规则的圆锯齿，先端渐尖，具 3 出脉，侧脉每边 1～2 条，茎上部叶小，与茎中部叶近乎同形。花：头状花序少数至多数，在茎及枝端排成伞房状的聚伞花序；花序梗长 2～4 厘米；总苞长管形；总苞片 3 层，外层总苞片短，卵形或卵状披针形，中层总苞片长椭圆形或长椭圆状披针形，内层总苞片条状披针形，全部总苞片的上端及边缘均为膜质，白色，无毛；具 10 朵花；花冠紫蓝色，檐部具 5 枚裂齿。籽实：瘦果长椭圆形，长 2～3 毫米，黑色，具 5 道棱；冠毛白色，长约 4 毫米，宿存。花果期 6—11 月份。

生长习性：生长在荒地、荒坡、滩涂、林地、果园，光照依赖性强，繁殖率极高。种子繁殖为主。

危害情况：所到之处，其他低矮草本逐渐被排斥，能极大地消耗土壤养分，对土壤可耕性的破坏极为严重，与果树争水、争肥，严重影响果树的生长。

分布：原产南美洲。亚洲热带地区及澳大利亚有归化。现分布于中国福建省、广东省、广西壮族自治区、海南省、江西省、云南省、台湾省、澳门特别行政区、香港特别行政区等地区。湖南省长沙、湘潭、衡阳等地有分布。

67. 加拿大一枝黄花 *Solidago canadensis* L.

分类地位：菊科 Compositae、一枝黄花属 *Solidago* L.。

别名：麒麟草、金棒草。

形态特征及植株：多年生草本，有发达的根状茎。茎直立，高 0.3~2.5 米；茎基部光滑，上部被短柔毛及糙毛；基生叶及茎下部叶常早脱落；茎中、上部叶呈披针形或线状披针形，长 5~12 厘米，离基 3 出脉，无柄或下部叶有柄，上面深绿色。花：头状花序很小，长 4~6 毫米，在花序分枝上排列成蝎尾状，再组合成开展的大型圆锥状花序；总苞片线状披针形，长 3~4 毫米；缘花舌状，黄色，雌性；盘花管状，黄色，两性。籽实：瘦果近圆柱状，长约 1 毫米；冠毛污白色。花期 10—12 月份。

生长习性：以种子和地下根茎繁殖。耐旱，耐较贫瘠的土壤。

危害情况：旱地恶性杂草。竞争力强，入侵城乡荒地、住宅旁、废弃地、厂区、山坡、河坡、免耕地、公路边、铁路沿线、农田边、绿化地带，破坏生态平衡和生物多样性，危害严重。属检疫性杂草。

分布：原产北美洲。在北半球温带地区栽培和归

化。中国各地区广泛分布。湖南省岳阳、长沙、湘潭、
郴州、衡阳、邵阳等地有分布。

68. 钻形紫菀 *Symphyotrichum subulatum* (Michx.) G. L. Nesom

异名：*Aster subulatus* (Michx.) Michx.。

分类地位：菊科 Compositae、联毛紫菀属 *Symphyotrichum* Nees。

别名：剪刀菜、燕尾菜、窄叶紫菀。

形态特征及植株：一年生草本。株高 25～100 厘米，无毛。茎直立，有条棱，稍肉质，上部略分枝；基生叶倒披针形，花后凋落；茎中部叶线状披针形，长 6～10 厘米，宽 5～10 毫米，主脉明显，侧脉不显著，先端尖或钝，有时具钻形尖头，边缘全缘，无柄，无毛；茎上部叶渐狭窄如线。花：头状花序多数在茎顶端排成圆锥状，总苞钟状，总苞片 3～4 层，外层较短，内层较长，线状钻形，边缘膜质，无毛；舌状花的舌片细狭，稀淡红色，长 1.3～3 毫米，短于或稍长于冠毛；管状花 3～15 朵。籽实：瘦果长圆形或椭圆形，长 1.5～2.5 毫米，有 5 道纵棱，冠毛淡褐色，长 3～4 毫米，上被短糙毛。花果期 9—11 月份。

生长习性：喜生长于潮湿含盐的土壤上，常见于沟边、河岸、海岸、路边及低洼地。

危害情况：为旱地杂草。危害秋收作物（棉花、大豆及甘薯）和水稻，也见于路边及田埂上，但发生量小，危害较轻。

分布：原产北美洲。现广泛分布于世界温暖地区。中国大部分地区有分布。湖南省湘西、衡阳等地有分布。

近似植物：变种长舌钻形紫菀 (*Var. ligulatum* (Shinn.) S. D. Sundb)，舌状花的舌片淡紫色，长 3.5~7 毫米，明显长于冠毛；管状花 20~60 朵。原产北美洲。广泛分布在中国各地。

69. 一年蓬 *Erigeron annuus* (L.) Pers.

分类地位：菊科 Compositae、飞蓬属 *Erigeron* L.。

别名：千层塔、治疟草。

形态特征及植株：一年生或二年生草本。茎粗壮，高 0.3~1 米，基部径 6 毫米，直立，上部有分枝，绿色，下部被开展的长硬毛，上部被较密的上弯的短硬毛。花期基生叶多萎谢，基生叶片与茎下部叶片长圆形、宽卵形或倒卵形，长 4~18 厘米，宽 1.5~4 厘米。基部狭成具翅的长柄，边缘具疏锯齿，先端钝尖，茎中部叶柄短或近乎无。叶长圆状披针形或披针形，长 1~9 厘米，宽 0.5~2 厘米，边缘具疏锯齿或全缘，先端急尖。茎上部叶片条形，叶片两面疏被短硬毛，有时近乎无毛，边缘具缘毛。花：头状花序数个或多数，在茎、枝端排成圆锥花序状的聚伞花序；总苞半球形，总苞片 3 层，近乎等长或外层稍短，草质，披针形，淡绿色或褐色，背面密被腺毛和疏长节毛；外围的雌花舌状，2 层，舌片条形，白色或淡蓝色，先端具 2 枚小齿；中央管状黄色，檐部倒圆锥形，具 5 枚裂齿，无毛。籽实：瘦果狭长，椭圆形，长约 1.2 毫米，稍压扁，疏被短柔毛；冠毛异形，舌状花瘦果的冠毛极短，连成冠状，管状花瘦果的冠毛 2 层，外层短小，膜片状，内层有 10～15 根刚毛，长约 2 毫米。花果期 6—10 月份。

生长习性：喜生于肥沃向阳的土地上，在干燥贫瘠的土壤中亦能生长。常生于路边旷野或山坡荒地。

危害情况：为旱地杂草。有强大的繁殖能力和适应性，常危害麦类、果树、茶和桑等经济作物，亦能侵入草原、牧场及苗圃等处，且发生量大，危害较为严重。

分布：原产北美洲。中国南北地区广泛分布。湖南省内广泛分布。

70. 小蓬草 *Conyza canadensis* (L.) Cronq.

分类地位：菊科 Compositae、白酒草属 *Conyza* Less.。

别名：小飞蓬、加拿大蓬、小白酒草。

形态特征及植株：一年生草本。茎直立，高 0.5~1.5 米，具纵棱及条纹，上部具帚状分枝，被疏长硬毛。基生叶花期萎谢；茎下部叶具短柄，叶片倒披针形，长 6~10 厘米，宽 1~1.5 厘米，基部渐狭，边缘具疏锯齿或全缘，先端急尖或渐尖；茎中部与上部叶近乎无柄，叶片小，条状披针形或条形，长 3.5~10 厘米，宽 2~6 毫米，边缘具 1~2 枚粗锯齿或全缘，两面或仅有上面疏被短柔毛，边缘具硬缘毛。花：头状花序多数，小，有短梗，再密集成圆锥状或伞房圆锥状花序；头状花序外围花雌性，细筒状，先端有舌片，白色或紫色；管状花位于花序内，檐部 4 道齿裂，稀少为 3 道齿裂。籽实：瘦果长圆形，长 1.2~1.5 毫米，稍扁，淡褐色，被微毛；冠毛污白色，1 层，刚毛状，长 2.5~3 毫米。花期 5—9 月份，果期 6—11 月份。

生长习性：常生于旷野、田边、河谷、沟旁和路边，耐寒，易形成大片群落，为一种常见的杂草。

种子繁殖，以幼苗或种子越冬。

危害情况：为旱地杂草。对秋收作物、果园、茶园危害严重，发生数量大，通过分泌化感物质抑制邻近植物生长。

分布：原产北美洲。现世界各地广泛分布。中国南北各地均有分布。湖南省常德、湘西、衡阳、洞庭湖区等地有分布。

71．香丝草 *Conyza bonariensis* (L.) Cronq.

分类地位：菊科 Compositae、白酒草属 *Conyza* Less.。

别名：野塘蒿、野地黄菊、蓑衣草。

形态特征及植株：一年生或二年生草本，根纺锤状，常斜升，具纤维状根。茎直立或斜升，高 20～50 厘米，中部以上常分枝，常有斜上不育的侧枝，密被短毛，杂有开展的疏长毛。叶密集，基部叶花期常枯萎，下部叶倒披针形或长圆状披针形，长 3～5 厘米，宽 0.3～1 厘米，先端尖或稍钝，基部渐狭成长柄，通常具粗齿或羽状浅裂，中部和上部叶具短柄或无柄，狭披针形或线形，长 3～7 厘米，宽 0.3～0.5 厘米，中部叶具齿，上部叶全缘，两面均密被贴糙毛。花：头状花序多数，直径 8～10 毫米，在茎端排列成总状或总状圆锥花序，花序梗长 10～15 毫米；总苞椭圆状卵形，总苞片 2～3 层，线形，先端尖，背面密被灰白色短糙毛；花托稍平，有明显的蜂窝孔；雌花多层，白色，花冠细管状，无舌片或顶端仅有 3～4 个细齿；两性花淡黄色，花冠管状，长约 3 毫米，管部上部被疏微毛，上端具 5 道齿裂。籽实：瘦果线状披针形，长 1.5 毫米，扁压，被疏短毛；冠毛 1 层，淡红褐色，长约 4 毫米。花期 5—10 月份。

生长习性：常生于荒地、田边、路旁，为一种常见的杂草。

危害情况：为旱地杂草，主要危害旱作物、花卉，也危害茶园、桑园、果园、绿地、苗圃等，发生量大，为区域性恶性杂草。

分布：原产南美洲。现广泛分布于热带及亚热带地区。中国除东北外，各地均有分布。湖南省常德等地有分布。

72. 三裂叶豚草 *Ambrosia trifida* L.

分类地位：菊科 Compositae、豚草属 *Ambrosia* L.。

别名：大破布草。

形态特征及植株：一年生草本。茎直立，具沟槽，被短糙毛，不分枝或上部分枝；下部及中部叶对生，叶片椭圆形、卵圆形至近乎圆形，掌状 3~5 深裂，裂片卵状披针形或披针形，先端渐尖或急尖，基部宽楔形，锯齿缘，3 基出脉，两面被短糙伏毛，叶柄被短糙毛，基部膨大；茎上部叶对生或互生，3 裂至不裂，叶柄短。花：雄头状花序于枝端作总状排列，花序半圆形，总苞片连合或呈浅碟状，外面有 3 条肋，边缘有圆齿，内具 20~25 朵雄花；雌头状花序位于雄花序的下方，生于叶状苞的叶腋内，多数雌花序相聚生成团伞状，雌花总苞纺缍形，中部以上被短糙毛，于总苞中央四周有 5~10 个小刺尖，雌蕊 2 枚，花柱常 2 深裂，丝状，于总苞顶端开口处伸出。籽实：瘦果倒卵形，无毛，藏于坚硬的总苞中，果皮灰褐色至黑色。花期 7—8 月份，果期 9—10 月份。

生长习性：在各种环境下皆可生长，种子量多（每株产 2 000~8 000 粒），再生能力强，割 5 次后仍能再生。种子在土中能保持生命力 4~5 年。植株高可达 3 米，生长繁茂，消耗水、肥超过作物数倍，严重影响作物的生长。有苦味，牲畜不食。

危害情况：世界公认的恶性杂草，且花粉、短毛易引起人体过敏、哮喘等症。

分布：原产北美洲。中国主要分布于上海市、北京市、天津市、福建省、广东省、广西壮族自治区、河北省、河南省、黑龙江省、湖北省、湖南省、吉林省、江苏省、江西省、辽宁省、内蒙古自治区、陕西省、山东省、安徽省、四川省、浙江省等地区。湖南省岳阳市临湘、湘潭等地有分布。

73. 豚草 *Ambrosia artemisiifolia* L.

分类地位：菊科 Compositae、豚草属 *Ambrosia* L.。

别名：艾叶破布草、美洲艾。

形态特征及植株：一年生草本。茎直立，具细棱，常于上方分枝，贴附有糙毛状柔毛。叶下部对生，上部互生，2~3 回羽状分裂，裂片条状具短糙毛。花：雄头状花序居多，于茎顶排成总状，总苞碟形，边缘浅裂，具缘毛；雌头状花序无梗，生在雄花序下或生上部叶腋。籽实：瘦果倒卵形，褐色有光泽，果皮坚硬，骨质，全部包被于倒卵形的总苞内。花期 8—9 月份，果期 9—10 月份。

生长习性：耐贫瘠，砂砾土壤中生长亦盛。

危害情况：侵入裸地后一年即可成为优势种。由于其极强的生命力，可以遮盖和压抑土生植物，造成原有生态系统的破坏，消耗土地中的水分和营养，造成农业损失惨重；豚草的蔓延蚕食了大片土地，造成农作物撂荒，对生态环境造成较大威胁。花粉易引起人体过敏。

分布：原产北美洲。中国除青海省和新疆维吾尔自治区外，各地均有分布。湖南省洞庭湖区等地有分布。

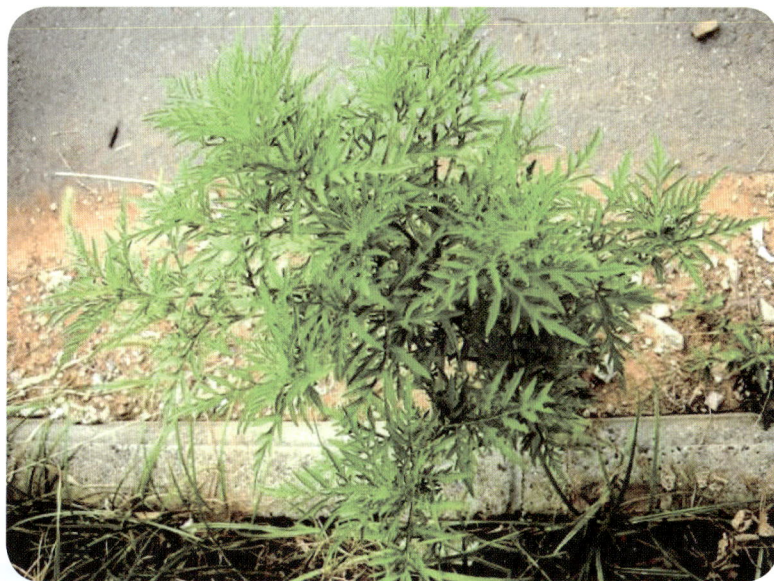

74. 银胶菊 *Parthenium hysterophorus* L.

分类地位：菊科 Compositae、银胶菊属 *Parthenium* L.。

别名：西南银胶菊、野益母艾、野益母岩。

形态特征及植株：一年生草本。茎直立，多分枝，具条纹，被短柔毛，节间长 2.5~5 厘米。叶互生，深裂，下部和中部叶二回羽状深裂，全叶卵形或椭圆形，羽片 3~4 对，卵形，长 3.5~7 厘米，小羽片卵状或长圆状，常具齿，先端略钝，上面被基部为疣状的疏糙毛，下面的毛较密而柔软；上部叶无柄，羽裂，裂片线状长圆形，全缘或具齿，或有时指状 3 回裂，中裂片较大，通常长于侧裂片的 3 倍。花：头状花序多数，在茎枝顶端排成开展的伞房花序，花序柄长 3~8 毫米，被粗毛；总苞宽钟形或近半球形，总苞片 2 层，每层 5 枚；舌状花 1 层，5 个，白色，舌片卵形或卵圆形，先端 2 回裂；雄蕊 4 枚。籽实：瘦果倒卵形，基部渐尖，干时黑色，长约 2.5 毫米，被疏腺点；冠毛 2 根，鳞片状。花期 4—10 月份。

生长习性：极耐干旱，喜强光照、温暖气候。喜生长在石灰质渗透性良好的砂壤土并杂有大量碎石块的地方。

　　危害情况：农田、果园杂草。对其他植物有化感作用，还可引起人和家畜（牛）的过敏性皮炎。

　　分布：原产美洲热带地区。现广泛分布于全球热带地区。在中国分布于福建省、广东省、广西壮族自治区、贵州省、海南省、湖南省、江西省、四川省、山东省、云南省、台湾省、澳门特别行政区、香港特别行政区等地区。湖南省长沙等地有分布。

75. 三裂蟛蜞菊 *Sphagneticola trilobata* (L.) Pruski

分类地位：菊科 Compositae、蟛蜞菊属 *Sphagneticola* O. Hoffm.。

别名：南美蟛蜞菊。

形态特征及植株：多年生草本。茎平卧，无毛或被短柔毛，节上生根。叶对生，多汁，椭圆形至披针形，通常 3 回裂，裂片三角形，具疏齿，先端急尖，基部楔形，无毛或散生短柔毛，有时粗糙；叶柄长不及 5 毫米。花：头状花序，腋生或顶生，具长梗，花黄色或橘黄色，生于每枝茎的顶端；苞片披针形，长 10~15 毫米，具缘毛；舌状花雌性，具黄色花冠；管状花两性，能结实，花冠有 4~5 枚齿，雄蕊 5 枚，花药顶端尖，基部有小耳；两性花的花柱呈舌状。籽实：瘦果楔状长圆形或倒卵形，具角，长约 5 毫米，黑色。花期几乎全年，但以夏秋季为盛。

生长习性：适应性强，能在不同土质中生长，耐旱且耐湿。断枝扦插或被土覆盖后，约 10 天即生根长成新的植株。种子繁殖和营养繁殖。

危害情况：常生长成片，侵占草地和湿地，排挤本地植物。

　　分布：原产热带美洲。在全球热带地区广泛归化。我国主要分布于福建省、广东省、广西壮族自治区、海南省、辽宁省、四川省、云南省、浙江省、台湾省、澳门特别行政区、香港特别行政区等地区。湖南省内广泛分布。

76. 菊芋 *Helianthus tuberosus* L.

分类地位：菊科 Compositae、向日葵属 *Helianthus* L.。

别名：洋姜、鬼仔姜。

形态特征及植株：多年生草本。茎直立，粗壮，扁圆形，有不规则突起，有糙毛，高 2~3 米。有块状地下茎，块茎无周皮。叶卵形，有柄，先端尖，叶片基部下延在两侧成翼，绿色；在茎上部常对生，上部互生。花：头状花序，花黄色，头状花序较小；单生于茎或枝顶端，总苞有 2 至多层总苞片，外层通常绿色，总苞片卵圆形或卵状披针形，先端尾状长尖，有毛，花序托平坦或隆起，有干膜质托片；舌状花黄色特别显著，中性；管状花黄色，先端 5 回裂，结实。籽实：瘦果长卵形或椭圆形，灰棕色或黑色，稍压扁，顶冠有 2 个鳞片状脱落的芒。花期 8 —10 月份。

生长习性：耐旱、耐盐、耐瘠薄，对土壤适应性强。

危害情况：常见的路边杂草，影响景观、生物多样性。

分布：原产北美洲。中国主要分布于除青海省、西藏自治区和新疆维吾尔自治区以外的地区。湖南省内广泛分布。

77. 鬼针草 *Bidens pilosa* L.

分类地位：菊科 Compositae、鬼针草属 *Bidens* L.。

别名：三叶鬼针草、鬼钗草、虾钳草、对叉草、粘人草。

形态特征及植株：一年生草本，茎直立，高30~100厘米，钝四棱形，无毛或上部被极稀疏的柔毛，基部直径可达6毫米。茎下部叶较小，3回裂或不分裂，通常在开花前枯萎；中部叶具长1.5~5厘米无翅的柄，三出，小叶3枚，很少有具5枚或7枚小叶的羽状复叶，两侧小叶椭圆形或卵状椭圆形，长2~4.5厘米，宽1.5~2.5厘米，先端锐尖，基部近圆形或阔楔形，有时偏斜，不对称，具短柄，边缘有锯齿，顶生小叶较大，长椭圆形或卵状长圆形，长3.5~7厘米，先端渐尖，基部渐狭或近圆形，具长1~2厘米的柄，边缘有锯齿，无毛或被极稀疏的短柔毛；上部叶小，3回裂或不分裂，条状披针形。花：头状花序，直径8~9毫米，有长1~6厘米（果时长3~10厘米）的花序梗。总苞基部被短柔毛，苞片7~8枚，条状匙形，上部稍宽，开花时长3~4毫米，果时长至5毫米，草质，边缘疏，被短柔毛或几乎无毛，外层托片披针形，果时长 5~6 毫米，干膜质，背面褐色，具黄色边缘，内层较狭，条状披针形。无舌状花，盘花筒状，长约 4.5 毫米，冠檐 5 回齿裂。籽实：瘦果黑色，条形，略扁，具棱，长 7~13 毫米，宽约 1 毫米，上部具稀疏瘤状突起及刚毛，先端芒刺 3~4 枚，长 1.5~2.5 毫米，具倒刺毛。花果期 7—10 月份。

生长习性：喜生长于温暖湿润气候区，常生长于村旁、路边及荒地中。

危害情况：危害果、桑及茶园，也能危害其他旱田作物，但发生量小，危害轻，是常见杂草。

分布：原产热带美洲。广泛分布于亚洲和美洲的热带和亚热带地区。中国华北和华南地区广泛分布。湖南省郴州、常德、湘西、衡阳等地有分布。

78. 大狼杷草 *Bidens frondosa* L.

分类地位：菊科 Compositae、鬼针草属 *Bidens* L.。

别名：狼把草、接力草、外国脱力草。

形态特征及植株：一年生草本。茎直立，分枝，高 20~120 厘米，被疏毛或无毛，常带紫色。叶对生，具柄，为 1 回羽状复叶，小叶 3~5 枚，披针形，长 3~10 厘米，宽 1~3 厘米，先端渐尖，边缘有粗锯齿，通常背面被稀疏短柔毛，顶生者具明显的柄。花：头状花序，单生茎端和枝端，连同总苞苞片，直径 12~25 毫米，高约 12 毫米。总苞钟状或半球形，外层苞片 5~10 枚，通常 8 枚，披针形或匙状倒披针形，叶状，边缘有缘毛，内层苞片长圆形，长 5~9 毫米，膜质，具淡黄色边缘。无舌状花或舌状花不发育，极不明显。筒状花两性，花冠长约 3 毫米，冠檐 5 回裂。籽实：瘦果扁平，狭楔形，长 5~10 毫米，近乎无毛或是糙伏毛，先端芒刺 2 枚，长约 2.5 毫米，有倒刺毛。花果期 7—10 月份。

生长习性：在温带、亚热带气候下的湿地、浅水域条件均能生长。

危害情况：为湿地杂草。多在田埂和河滩渠边生长，主要危害水稻等湿地作物，数量小，一般危害较轻。

分布：原产北美洲。中国各地区广泛分布。湖南省内广泛分布。

79. 牛膝菊 *Galinsoga parviflora* Cav.

分类地位：菊科 Compositae、牛膝菊属 *Galinsoga* Ruiz et Pav.。

别名：辣子草、小米菊。

形态特征及植株：一年生草本。茎散生贴伏的短柔毛和腺状短柔毛。叶对生，卵形或长椭圆状卵形，长 1.5~5.5 厘米，宽 0.6~3.5 厘米，具基出三脉或不明显五出脉，上部叶较小，通常披针形。花：头状花序，半球形，有长花梗，排成疏松的伞房花序，花序梗的毛长约 0.2 毫米。总苞半球形或宽钟状，宽 3~6 毫米。舌状花 4~5 朵，无鳞片状冠毛，舌片白色，先端 3 回齿裂。管状花花冠长约 1 毫米，黄色，鳞片状冠毛倒披针形，先端无钻形尖头。籽实：瘦果狭倒卵形，长 0.7~0.8 毫米，被微柔毛。花果期 7—10 月份。

生长习性：喜冷凉气候条件，不耐热，在土壤肥沃而湿润的地带生长更多。

危害情况：侵入庭园、废地、河谷地、溪边、路边和低洼的农田中，对农田作物、蔬菜、果树等都有严重影响。

分布：原产南美洲。现分布于世界大部分地区。中国各地多有分布。湖南省衡阳、湘西等地有分布。

近似植物：粗毛牛膝菊（Galinsoga quadriradiata Ruiz et Pav.），茎枝被开展的长柔毛，舌状花的舌片 3 回中裂，舌状花和管状花均有狭披针形的鳞片状冠毛。原产美洲。中国各地多有分布。

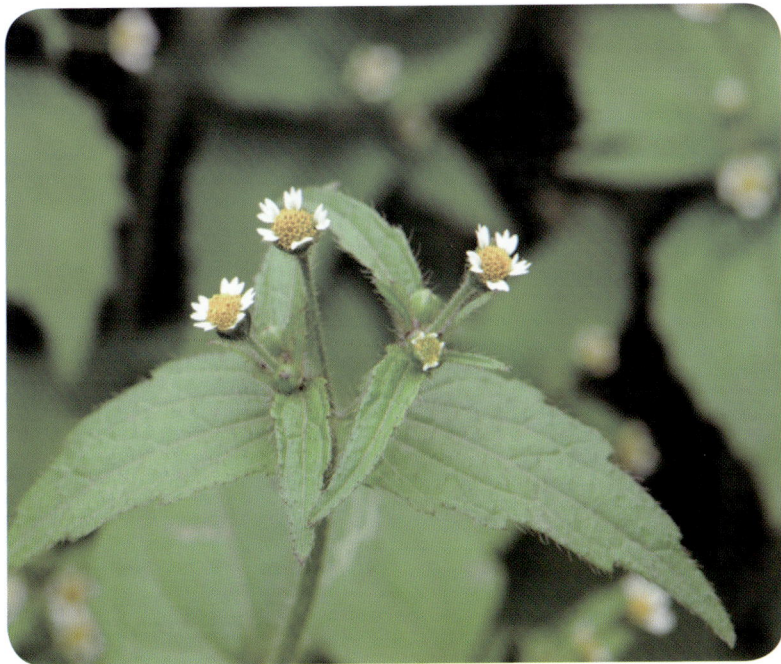

80. 硫黄菊 *Cosmos sulphureus* Cav.

分类地位：菊科 Compositae、秋英属 *Cosmos* Cav.。

别名：黄秋英、黄花波斯菊、硫磺菊、黄芙蓉、硫华菊。

形态特征及植株：一年生草本。茎光滑或稍有毛。叶对生，2 回羽状深裂，裂片披针形或椭圆形，边缘全缘。花：头状花序，单生或再排成伞房状，总苞片 2 层，基部联合，外层总苞片卵状披针形，先端窄尖，内层总苞片长椭圆状卵形，边缘膜质；花序托平坦，有托片；缘花舌状，橘黄色或金黄色，先端截形，有浅齿，长 1.5~2.5 厘米，不育；盘花管状，黄色，两性，能育。籽实：瘦果有糙毛，有细长喙，线形，喙端有 2~4 根芒，芒有倒刺。花期 8—10 月份。

生长习性：喜温暖，不耐寒，忌酷热。喜光，耐干旱瘠薄，喜排水良好的砂质壤土。忌大风，宜种背风处。

危害情况：观赏植物，栽培后常逸生。

分布：原产墨西哥。现世界各地广泛栽培。中国主要分布于长江以南各地区。湖南省湘西等地有分布。

81. 秋英 *Cosmos bipinnats* Cav.

分类地位：菊科 Compositae、秋英属 *Cosmos* Cav.。

别名：波斯菊、大波斯菊。

形态特征及植株：一年生或多年生草本。根纺锤状，多须根，或近茎基部有不定根。茎光滑或稍被柔毛。叶对生，2 回羽状分裂，裂片稀疏，线形，边缘全缘。花：头状花序单生。总苞片 2 层，基部联合，外层总苞片卵状披针形，先端窄尖，内层总苞片长椭圆状卵形，边缘膜质；缘花舌状，花红色、粉红或白色，椭圆状倒卵形，先端截形，有浅齿，不育；盘花管状，花黄色，管部短，上部圆柱形，有披针状裂片；花柱具短突尖的附器，两性，能育。籽实：瘦果光滑，黑紫色，长 8~12 毫米，先端具长喙，线形，喙端有 2~4 根芒，芒有倒刺。花期 6—8 月份，果期 9—10 月份。

生长习性：喜阳光、不耐寒、怕霜冻、忌酷热。耐瘠薄土壤，肥水过多易徒长而开花少，甚至倒伏。可大量自播繁衍。

危害情况：逸生杂草，常在道路两旁、山坡蔓延，影响景观和森林恢复。

分布：原产墨西哥。中国各地广泛分布。湖南省株洲、长沙、湘西等地有分布。

82. 剑叶金鸡菊 *Coreopsis lanceolata* L.

分类地位：菊科 Compositae、金鸡菊属 *Coreopsis* L.。

别名：大金鸡菊、狭叶金鸡菊。

形态特征及植株：多年生草本，高 30~70 厘米，有纺锤状根。茎直立，无毛或基部被软毛，上部有分枝。叶较少，在茎基部成对簇生，有长柄，叶片匙形或线状倒披针形，基部楔形，先端钝或圆形；茎上部叶少，全缘或 3 回深裂，裂片长圆形或线状披针形，顶裂片较大，基部窄，先端钝，叶柄基部膨大，有缘毛；下部叶无柄，线形或线状披针形。花：头状花序，在茎端单生，直径 4~5 厘米。总苞片内外层近乎等长，披针形，长 6~10 毫米，先端尖。舌状花黄色，舌片倒卵形或楔形；管状花狭钟形。籽实：瘦果圆形或椭圆形，长 2.5~3 毫米，边缘有宽翅，先端有 2 枚短鳞片。花期 5—9 月份。

生长习性：耐寒耐旱，适应性强。喜阳光充足的环境及排水良好的砂质土壤。

危害情况：与林木争地，降低土壤肥力。凡是生长该植物的地段，其他植物都不能生长，以侵占土地危害为特点。

分布：原产北美洲。中国主要分布于华北和华南地区。湖南省长沙、岳阳、益阳、常德高速公路边有分布。

83. 万寿菊 *Tageteserecta* L.

分类地位：菊科 Compositae、万寿菊属 *Tagetes* L.。

别名：孔雀草、臭芙蓉。

形态特征及植株：一年生草本，高 30~100 厘米。茎较粗壮，平滑，具较粗纵棱，上部多分枝。叶通常对生，叶片羽状深裂，长 5~10 厘米，宽 4~8 厘米，裂片长椭圆形或披针形，边缘具尖齿，齿端有软芒状尖。花：头状花序，单生，径 3.5~4 厘米，花序梗长 5~6.5 厘米，先端稍增粗；总苞片合生，近革质，长椭圆形，上端具锐齿，有腺点；舌状花金黄色或橙色，带有红色斑；舌片倒卵形，边缘波状皱缩，先端微凹；管状花花冠黄色，长 10~14 毫米，与冠毛等长，具 5 回齿裂。籽实：瘦果线形，基部缩小，长 8~12 毫米，深褐色，被短柔毛；冠毛鳞片状，其中 1~2 个长芒状，2~3 个短而钝；有气味。花期 7—9 月份。

生长习性：生于山坡草地、林中，或在庭园栽培，喜阳光，但在半阴处栽植也能开花。

危害情况：杂草，入侵山坡草地，影响生态系统和生物多样性。

分布：原产墨西哥。中国华北和华南地区广泛分布。湖南省内广泛分布。

84. 裸柱菊 *Soliva anthemifolia* (Juss.) R. Br.

分类地位：菊科 Compositae、裸柱菊属 *Soliva* Ruiz et Pav.。

别名：座地菊、假吐金菊。

形态特征及植株：一年生矮小草本。茎极短，平卧，多分枝。叶互生，具柄，长 5~10 厘米，2~3 回羽状分裂，裂片线形，全缘或 3 回裂，被长柔毛或近于无毛。花：头状花序，近球形，无梗，生于茎基部，直径 6~12 毫米；总苞片 2 层，长圆形或披针形，边缘干膜质；边缘雌花多数，无花冠，结实；中央两性花，少数，花冠管状，黄色，长约 1.2 毫米，先端 3 枚裂齿，基部渐狭，常不结实。籽实：瘦果倒披针形，扁平，有厚翅，长约 2 毫米，先端圆形，有长柔毛，花柱宿存，下部翅上有横皱纹。花果期全年。

生长习性：喜温暖，生于荒地、田间及路边，或为菜地、花圃和花坛中的杂草。

危害情况：危害麦类、蔬菜和油菜，属田间重要杂草。

分布：原产南美洲。全世界温暖地区归化。在中国分布于华中、华东、华南、西南等地区。湖南省衡阳、湘西等地有分布。

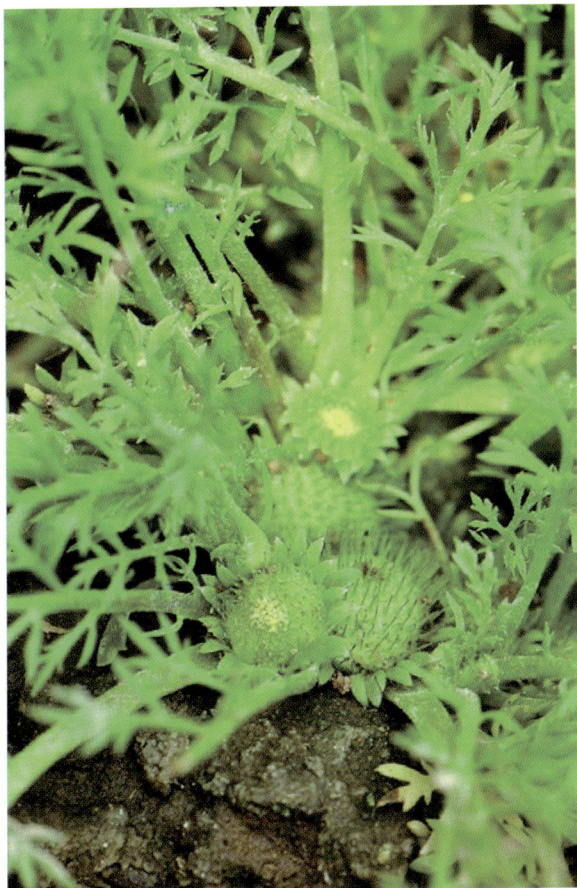

85. 野茼蒿 *Crassocephalum crepidioides* (Benth.) S.Moore

分类地位：菊科 Compositae、野茼蒿属 *Crassocephalum* Moench。

别名：野塘蒿、野地黄菊、革命菜、安南菜。

形态特征及植株：一年生直立草本。茎直立，高 0.2~1.2 米，不分枝或少分枝，具纵条纹，疏被短柔毛或近乎无毛。叶质稍肥厚；叶柄长 2~2.5 厘米，近乎无毛；叶片卵形至长圆状椭圆形，长 5~15 厘米，宽 1.5~6 厘米，基部楔形至狭楔形，常下延至叶柄呈狭翅状，边缘有不规则疏锐齿或重锯齿，有时下部羽状分裂或仅单侧具裂片，两面无毛或下面被短柔毛，先端渐尖，茎上部叶渐小。花：头状花序，直径约 3 厘米，具花序梗，在茎端排成疏圆锥伞房状，总苞钟状，长 1~1.2 厘米，外层总苞片小，狭条形，内层总苞片条状披针形，边缘膜质，先端有簇状毛；花冠管黄色，檐部粉红色至橙红色，具 5 枚裂齿；花柱伸出花冠外，分枝细长，被乳头状毛。籽实：瘦果狭圆柱形，赤红色，具 10 条纵肋，肋上被短柔毛；冠毛极多，白色，绢毛状，易脱落。花期 7—12 月份。

生长习性：常生于山坡林下、灌木丛中或水沟旁阴湿地上。

危害情况：多沿道路及河岸蔓延，为荒地常见杂草，常危害蔬菜、果园和茶园。

分布：原产热带非洲。在世界温暖地区广泛分布。中国除东北外，各地广泛分布。湖南省常德、湘西、衡阳、洞庭湖区等地有分布。

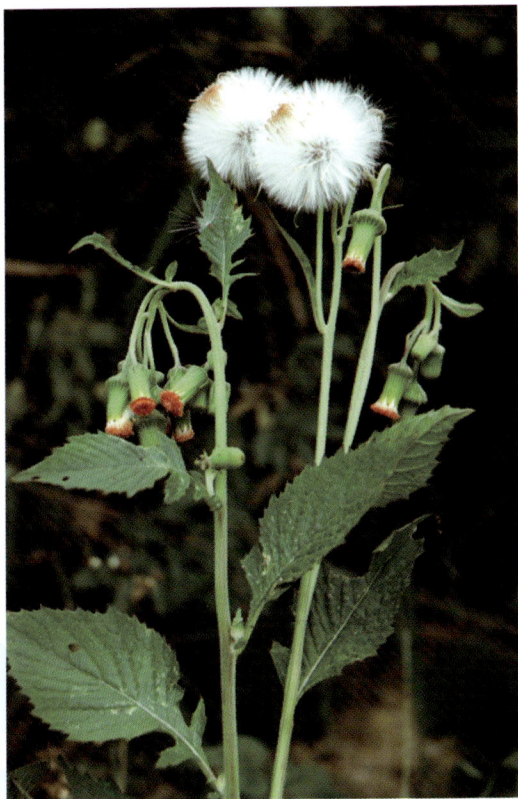

86. 欧洲千里光 *Senecio vulgaris* L.

分类地位：菊科 Compositae、千里光属 *Senecio* L.。

别名：白顶草、北千里光、欧千里光、欧洲狗舌草、欧洲黄菀。

形态特征及植株：一年生草本。茎单生，直立，高 12~45 厘米，自基部或中部分枝。叶互生，无柄，倒披针状匙形或长圆形，长 3~11 厘米，宽 0.5~2 厘米，先端钝，羽状浅裂至深裂；中部叶基部扩大且半抱茎，两面尤其下面被蛛丝状毛或无毛；上部叶较小，线形，具齿。花：头状花序，如舌状花，排列成顶生密集伞房花序；花序梗长 0.5~2 厘米；总苞钟状，具外层苞片；苞片 7~11 枚，线状钻形，长 2~3 毫米，尖，通常具黑色长尖头；总苞片 18~22 枚，线形，上端变黑色，草质，边缘狭膜质，背面无毛；管状花冠黄色，檐部漏斗状，5 回裂。籽实：瘦果圆柱形，长 2~3 毫米，沿肋有短柔毛；冠毛白色，长 6~7 毫米。花果期 4—10 月份。

生长习性：多生长于草地、开旷山坡及路旁。种子繁殖。

危害情况：危害夏收作物、果园、茶园和草坪，还入侵山地生态系统。

　　分布：原产欧洲。现广泛分布于亚洲、非洲北部和北美洲等地。19世纪侵入中国东北部，现各地区广泛分布。湖南省湘西等地有分布。

87. 花叶滇苦菜 *Sonchus asper* (L.) Hill

分类地位：菊科 Compositae、苦苣菜属 *Sonchus* L.。

别名：续断菊、石白头、大叶苦苣菜、苣荬菜、苦菜。

形态特征及植株：一年生草本。有纺锤状根。茎直立，高 20~50 厘米，下部无毛，中上部及顶端有稀疏腺毛。茎生叶片卵状狭长椭圆形，不分裂，缺刻状半裂或羽状分裂，裂片边缘密生长刺状尖齿，刺较长而硬，基部有扩大的圆耳，下部叶有翅。花：头状花序，在茎枝顶端排成稠密的伞房花序，花序梗常有腺毛或初期有蛛丝状毛；总苞钟形或圆筒形，长 1.2~1.5 厘米；舌状花黄色，长约 1.3 厘米，舌片长约 0.5 厘米。籽实：瘦果倒披针状，褐色，长约 3 毫米，宽约 1.1 毫米，压扁，两面各有 3 条细纵肋，肋间无横皱纹。冠毛白色，长达 7 毫米，柔软，彼此纠缠，基部连合成环。花果期 5—10 月份。

生长习性：适生疏松肥沃土壤，适应性强。生于路边、荒地以及旱地作物田中。

危害情况：属杂草。危害作物、草坪，影响景观。

分布：原产欧洲。现中国各地广泛分布。湖南省内广泛分布。

88. 野燕麦 *Avena fatua* L.

分类地位：禾本科 Gramineae、燕麦属 *Avena* L.。

别名：乌麦、铃铛麦、燕麦草。

形态特征及植株：一年生草本，须根较坚韧。秆直立，光滑无毛，高 60~120 厘米，具 2~4 节。叶鞘松弛，光滑或基部被微毛；叶舌透明膜质，长 1~5 毫米；叶片扁平，宽条状，宽 4~12 毫米，微粗糙，或上面和边缘疏生柔毛。花：圆锥花序开展，金字塔状，分枝具棱角，粗糙；小穗长 18~25 毫米，含 2~3 朵小花，其柄弯曲下垂，顶端膨胀；小穗轴密生淡棕色或白色硬毛；颖卵状或长圆状披针形，草质，常具 9 条脉；外稃质地坚硬，背面中部以下具淡棕色或白色硬毛，芒自稃体中部稍下处伸出，长 2~4 厘米，膝曲并扭转，芒柱棕色，扭转。籽实：颖果被淡棕色柔毛，腹面具纵沟，不易与稃片分离，长 6~8 毫米。花果期 4—9 月份。

生长习性：喜潮湿，多发生在耕地、沟渠边和路旁，是小麦的伴生杂草。

危害情况：为危害麦类等作物的杂草。由于争夺肥、水、光照，造成覆盖荫蔽，常引起小麦早期倒伏或生长不良。

　　分布：原产南欧地中海地区。现广泛分布于世界各地。中国南北各地均有分布。湖南省常德、湘西、衡阳、洞庭湖区等地有分布。

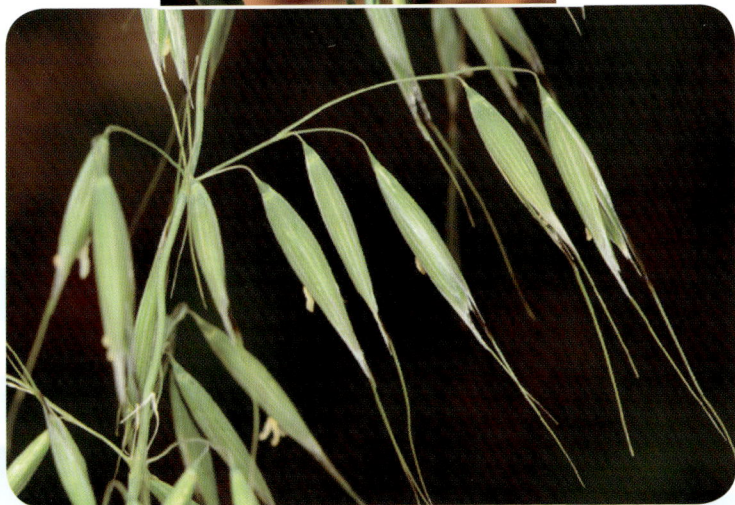

89. 毒麦 *Lolium temulentum* L.

分类地位：禾本科 Gramineae、黑麦属 *Lolium* L.。

别名：小尾巴麦、毒麦草、黑麦子。

形态特征及植株：一年生或二年生草本。秆疏丛生，无毛，高 20~120 厘米，具 3~5 节。叶线状披针形，质地较薄，长 10~25 厘米，宽 4~10 毫米，无毛，先端渐尖，边缘微粗糙。叶舌膜质，长约 1 毫米。花：穗状花序；穗轴增厚，质硬，节间长 5~10 毫米，无毛；小穗具 4~10 朵小花；颖较宽大，与其小穗近乎等长，质地硬，具 5~9 条脉；外稃椭圆形至卵形，成熟时肿胀，质地较薄，具 5 条脉，顶端膜质透明，基盘微小，芒近外稃顶端伸出，粗糙；内稃约等长于外稃，脊上具微小纤毛。籽实：颖果长椭圆形，长 4~6 毫米，宽约 2 毫米，褐黄色到棕色，坚硬，无光泽，腹沟较宽。花果期 6—7 月份。

生长习性：生长在低海拔地区的田间。

危害情况：主要混于麦类作物田中生长，不仅会直接造成麦类减产，而且其籽粒受真菌（如：*Stromatinia temulenta* Prill. et del.）侵染后，产生毒麦碱，能麻痹中枢神经。人食用含 40% 毒麦的面粉，就能引起中毒。毒麦做饲料时也可导致家畜、家禽中毒。

分布：原产欧洲地中海地区。中国各地区均有分布。湖南省常德、湘西、衡阳祁东、永州祁阳等地局部有分布。

90. 地毯草 *Axonopus compressus* (Swart.) P. Beauv.

分类地位：禾本科 Gramineae、地毯草属 *Axonopus* Beauv.。

别名：大叶油草。

形态特征及植株：多年生草本。具长匍匐枝，节上生根。秆压扁，高 8~60 厘米，节密生灰白色髯毛。叶片较柔薄，先端钝；叶鞘松弛，压扁，呈脊，无毛，基部者互相跨折，边缘质较薄；叶舌短，膜质，无毛。花：总状花序，2~5 枚，长 4~8 厘米，最长 2 枚成对而生，呈指状排列在主轴上；小穗长圆状披针形，长 2.2~2.5 毫米，疏生丝状柔毛，单生；第一颖缺；第二颖略短于不孕小花的外稃，先端尖；结实小花的外稃硬化成硬革质，椭圆形甚至长圆形，先端疏生少量柔毛。籽实：颖果椭圆形，长约 1.2 毫米，草黄色。花果期夏秋季。

生长习性：喜高温高湿气候，不耐寒，适于生长在地下水位较高、肥沃的沙土或土壤中。常生长于荒野、路旁较潮湿处。

危害情况：常作草坪或牧草，逸生后蔓延迅速，排挤本土植物，还成为农田和果园杂草。

分布：原产美洲热带地区。世界热带、亚热带地区引种栽培和归化。中国主要分布于北京市、福建省、广东省、广西壮族自治区、贵州省、海南省、湖南省、云南省、台湾省、澳门特别行政区、香港特别行政区等地区。湖南省湘西等地有分布。

91. 假高粱 *Sorghum halepense* (L.) Pers

分类地位：禾本科 Gramineae、高粱属 *Sorghum* Moench。

别名：石茅、约翰逊草、宿根高粱。

形态特征及植株：多年生草本，有地下横走根状茎。杆直立，高 1~3 米，径直径约 5 毫米；叶片阔线状披针形，长 25~80 厘米，宽 1~4 厘米；基部有白色绢状疏柔毛，中脉白色而厚；叶舌长约 1.8 毫米，具缘毛。花：圆锥花序，长 20~50 厘米，淡紫色至紫黑色；分枝轮生，基部有白色柔毛，分枝上生出小枝，小枝顶端着生总状花序；穗轴具关节，较纤细，具纤毛；小穗成对，一具柄，一无柄；有柄小穗较狭，长约 4 毫米，颖片草质，无芒；无柄小穗椭圆形，长 3.5~4 毫米，二颖片革质，近等长；第一颖的顶端具 3 枚齿，第二颖的上部具脊；每小穗 1 朵小花，第一外稃膜质透明，被纤毛，第二外稃长约为颖片的 1/3，顶端微 2 回裂，主脉由齿间伸出呈小尖头或芒。籽实：果实带颖片，椭圆形，长约 1.4 毫米，暗紫色（未成熟的呈麦秆黄色或带紫色），光亮，被柔毛；第二颖基部带有 1 节小穗轴节段和 1 枚有柄小穗的小穗柄，二者均具纤毛；去颖颖果倒卵形至椭圆形，长 2.6~3.2 毫米，宽1.5~2毫米，棕褐色，顶端圆，具2枚宿存花柱。

生长习性：根茎和籽实繁殖，适宜在疏松、肥沃的土壤中繁殖。

危害情况：以种子和根茎繁殖蔓延，是30多种旱地作物的最危险杂草之一。

分布：原产地中海地区。现广泛分布于热带和亚热带地区。湖南省长沙、衡阳祁东、永州等地有分布。

92. 大薸 *Pistia stratiotes* L.

分类地位：天南星科 Araceae、大薸属 *Pistia* L.。

别名：水白菜、水莲花、大叶莲、水浮莲、肥猪草。

形态特征及植株：一年生水生漂浮草本。具白色的纤维状根。叶簇生呈莲座状，叶片常因发育阶段不同而形异，通常倒卵状楔形，先端截形或浑圆，两面被绒毛；叶脉扇状。佛焰苞白色，外被绒毛，下部管状，上部张开。花：肉穗花序，背面 2/3 与佛焰苞合生。雄花 2~8 朵生于上部，雌花单生于下部。籽实：果为浆果，内含种子 10~15 粒，椭圆形，黄褐色。花期 5—11 月份。

生长习性：喜高温湿润气候，耐寒性不如水葫芦和水花生。一般在气温 15~45℃ 都能生活，10℃ 以下常常发生烂根、掉叶，低于 5℃ 时则枯萎死亡。

危害情况：常因大量生长而堵塞航道，影响水产养殖业，并导致沉水植物死亡和灭绝，危害水生生态系统。

分布：原产巴西。现广泛分布于热带和亚热带地区。在中国除东北、内蒙古自治区、青海省、新疆维吾尔自治区外，各地均有分布。湖南省衡阳、湘西等地有分布。

93. 凤眼莲 *Eichhornia crassipes* (Mart. Solms)

分类地位：雨久花科 Pontederiaceae、凤眼蓝属 *Eichhornia* Kunth。

别名：凤眼蓝、水浮莲、水葫芦、布袋莲。

形态特征及植株：浮水草本。根状茎粗短，密生，多数细长须根；叶基生呈莲座状，宽卵形、宽倒卵形至肾状圆形，光亮，具弧形脉。叶柄基部带紫红色，膨大，呈葫芦状的气囊，海绵质。花：花葶单生，多棱角，中部有鞘状苞片；花被6回裂，紫蓝色，上部的裂片较大，在蓝色的中央有鲜黄色的斑点；外面的基部有腺毛；子房卵圆形，长4厘米。籽实：蒴果卵形。种子多数，细小。花期7—10月份，果期8—11月份。

生长习性：喜高温、多湿、营养丰富的水体，适应性很强。在日照时间长、温度高的条件下生长较快，受冰冻后叶茎枯黄。

危害情况：作为饲料植物引进中国，但其已成为危害最重的入侵植物之一。其生长繁殖迅速，能在较短的时间内覆盖水面，堵塞河道，影响航运、排灌和水产养殖；破坏水生生态系统，威胁本地生物多样性。

分布：原产巴西东北部。现分布于世界温暖地区。在中国除青海省和西藏自治区外，各地区均有分布。湖南省内广泛分布。

附录：潜在入侵杂草

1. 肥皂草 *Saponaria officinalis* L.

分类地位：石竹科 Caryophyllaceae、肥皂草属 *Saponaria* L.。

别名：石碱草。

形态特征及植株：多年生草本。高 30~70 厘米。主根肥厚，肉质；根茎细、多分枝。茎直立，不分枝或上部分枝，常无毛。叶片椭圆形或椭圆状披针形，长 5~10 厘米，宽 2~4 厘米，基部渐狭成短柄状，少数合生，半抱茎，先端急尖，边缘粗糙，两面均无毛，具 3 或 5 基出脉。花：聚伞圆锥花序，小聚伞花序具 3~7 朵花；苞片披针形，长渐尖，边缘和中脉被稀疏短粗毛；花梗长 3~8 毫米，被稀疏短毛；花萼筒状，长 18~20 毫米，直径 2.5~3.5 毫米，绿色，有时暗紫色，初期被毛，纵脉 20 条，不明显，萼齿宽卵形，具凸尖；花瓣白色或淡红色，爪狭长，无毛，瓣片楔状倒卵形，长 10~15 毫米，先端略凹缺；副花冠片线形；雄蕊和花柱外露。籽实：蒴果长圆状卵形，长约 15 毫米。种子圆肾形，长 1.8~2 毫米，黑褐色，具小瘤。花期 6—9 月份。

生长习性：喜光，耐半阴，耐寒，在旱地及湿地上均可正常生长，对土壤要求也不严。

危害情况：常生于路旁、花圃、草地等，危害一般不严重。

分布：原产欧洲。中国主要分布于北京市、重庆市、天津市、甘肃省、广东省、河北省、河南省、黑龙江省、湖北省、吉林省、江苏省、辽宁省、陕西省、山东省、新疆维吾尔自治区、浙江省等地区。湖南省内暂未发现。

2.毛曼陀罗 *Datura inoxia* Mill.

分类地位：茄科 Solanaceae、曼陀罗属 *Datura* L.。

别名：软刺曼陀罗、毛花曼陀罗。

形态特征及植株：一年生草本，高 1~2 米，全体密被白色腺毛和短柔毛。茎粗壮，直立，圆柱形，基部木质化，上部呈叉状分枝。叶互生，上部叶近对生；叶柄长 2~5 厘米；叶片宽卵形，先端渐尖或锐尖，基部斜心形，全缘或疏生波状齿；两面无毛或被疏短毛，叶背面脉隆起。花：花单生于枝叉间或叶腋；花萼筒状，淡黄绿色，先端 5 裂，花后萼管自近基部处周裂而脱落，遗留的萼筒随果实增大，边缘向外反折；花冠管漏斗状，长 14~20 厘米，檐部直径 5~7 厘米，下部直径渐小，向上扩呈嗽叭状，花白色或淡蓝色，具 5 道棱，裂片 5 枚；雄蕊 5 枚，生于花冠管内，花药线形，扁平，基部着生；雌蕊 1 枚，子房球形，2 室，疏生短刺毛，胚珠多数，花柱丝状，柱头盾形。籽实：蒴果近圆形，斜垂，密生细针刺，针刺有韧曲性，全果亦密生白色柔毛，成熟后淡褐色，由近顶端不规则开裂。种子多数，扁肾形，淡褐色。花果期 6—9 月份。

生长习性：常生于村边、路旁。喜肥沃、疏松土壤。

危害情况：为旱地、宅旁杂草。亦发生于路旁和荒野，影响景观。对牲畜有毒。

分布：原产美国西南部至墨西哥。现广泛分布于欧亚大陆及南北美洲。中国主要分布于安徽省、北京市、甘肃省、广西壮族自治区、河南省、黑龙江省、湖北省、江苏省、辽宁省、陕西省、山东省、上海市、四川省、天津市、新疆维吾尔自治区、云南省、浙江省等地区。湖南省内暂未野外发现。

3. 野甘草 *Scoparia dulcis* L.

分类地位：玄参科 Scrophulariaceae、野甘草属 *Scoparia* L.。

别名：香仪、珠子草、假甘草、冰糖草、通花草。

形态特征及植株：直立草本或为半灌木状，高可达 100 厘米；茎多分枝，枝有棱角及狭翅，无毛。叶对生或轮生，近乎菱形至卵状披针形，先端短尖，基部渐狭成短柄，中部以下全缘，上部边缘有锯齿。花：花单一或成对生于叶腋，花梗细长，长 5~10 毫米，无毛；无小苞片，萼片 4 枚，分生，卵状长圆形，长约 2 毫米，先端有钝头，具睫毛，花冠小，白色，直径约 4 毫米，有极短的管，喉部生有密毛，瓣片 4 枚，上方 1 枚稍大，钝头，缘有啮痕状细齿，长 2~3 毫米；雄蕊 4 枚，近乎等长，花药箭形，花柱挺直，柱头截形或凹入。籽实：蒴果卵圆形至球形，直径 2~3 毫米，室间室背均开裂，中轴胎座宿存。花果期夏秋季或几乎全年。

生长习性：喜湿润环境，生于荒地、路旁，亦偶见于山坡。

危害情况：为农田和草坪一般性杂草。

分布：原产热带美洲。现广泛分布于全球热带地区。中国主要分布于北京市、上海市、福建省、甘肃省、广东省、广西壮族自治区、贵州省、海南省、江西省、云南省、台湾省、澳门特别行政区、香港特别行政区等地区。湖南省内暂未发现。

4. 穿叶异檐花 *Triodanis perfoliata* (L.) Nienwl.

分类地位：桔梗科 Campanulaceae、异檐花属 *Triodanis* Raf.。

别名：异檐花。

形态特征及植株：一年生草本。茎直立或上升，高15~60厘米，单一或分枝，具纵棱。叶卵形至圆形，长0.6~2厘米，基部心形抱茎，边缘具圆齿或牙齿。花：1~3朵花生于叶腋，无柄；苞片长宽近乎相等；萼裂片的上部花硬质，三角形至披针形，下部花较小，具3或4个狭三角形、三角形或披针形的裂片；花冠蓝紫色或紫红色，很少白色。籽实：蒴果长圆形，长4~10毫米，中部以下孔裂。种子卵状椭圆形，稍扁，浅棕色至棕色，平滑。花期5—6月份。

生长习性：喜生于海拔100~1 000米的溪旁、草地或山坡。

危害情况：外来入侵植物之一，往往成片生长，通常危害草坪和旱地作物。

分布：原产北美洲。中国主要分布于安徽省、福建省、浙江省、台湾省等地区。湖南省内暂未发现。

近似植物：异檐花（*Triodanis perfoliata subsp. biflora* (Ruiz et Pav.) Lammers.），叶片卵形至椭圆形，基部

圆形、微心形或钝，不抱茎，边缘近乎全缘或具浅圆齿，苞片长过于宽，蒴果中部之上孔裂。原产美洲。现分布于中国安徽省、浙江省、福建省和台湾省等地区。

5. 薇甘菊 *Mikania micrantha* Kunth

分类地位：菊科 Compositae、假泽兰属 *Mikania* Willd.。

别名：小花蔓泽兰、小花假泽兰。

形态特征及植株：多年生草质藤本或灌木状攀缘藤本。茎细长，匍匐或攀缘，多分枝，被疏毛或无毛，幼时绿色，近圆柱形，老茎淡褐色，具多条肋纹。叶对生，柄长 2.5~6 厘米，上部的叶渐小，叶柄亦短；叶片三角状卵形、心状卵形或箭形，长 3~10 厘米，宽 3~10 厘米，基部心形或戟形，先端渐尖，边缘具数个粗齿或浅波状圆锯齿，两面无毛，基出 3~7 条脉。花：头状花序，数枚，密生枝端排列成复合伞房花序，总苞狭圆柱形，长 4~7 厘米，宽 2~3 厘米；总苞片 1 层 4 枚，背面被柔毛及腺点；每头花状序中有 4 朵小花，全为两性花；花冠白色，管状，先端 5 道齿裂。籽实：瘦果狭长圆锥形，长约 3.5 毫米，黑色，表面分散有粒状突起物；冠毛多数，污白色或微红色，长约 4 毫米。花果期全年。

生长习性：喜光好湿，但不耐阴和土壤干瘠，覆盖其他植物，常见于被破坏的林地边缘、荒弃农田、疏于管理的果园、水库、沟渠或河道两侧。

危害情况：侵入林地、农田、果园等，覆盖其他植物，造成严重危害。属检疫性杂草。

分布：原产中美洲。现已广泛传播到亚洲热带地区。中国主要分布于福建省、广东省、广西壮族自治区、西藏自治区、贵州省、海南省、江西省、四川省、云南省、台湾省、澳门特别行政区、香港特别行政区等地区。湖南省内暂未发现。

6. 黄顶菊 *Flaveria bidentis* (L.) Kuntze.

分类地位：菊科 Compositae、黄顶菊属 *Flaveria* Juss.。

别名：二齿黄菊。

形态特征及植株：一年生草本。茎直立、紫色，茎上带短绒毛。叶交互对生，无毛或密被短柔毛，披针状椭圆形，有锯齿或刺状锯齿，基生 3 出脉，多数叶具 0.3~1.5 厘米长的叶柄，上部叶无柄，叶柄基部合生。花：头状花序，20~100 朵，于主枝及分枝顶端密集，呈蝎尾状聚伞花序，总苞长圆形，具棱，长约 5 毫米，黄绿色；总苞片 3 枚，也有的为 4 枚，内凹，先端圆或钝，小苞片 1~2 枚，线形；舌状花的花冠短，长 1~2 毫米，黄白色，舌片不突出或微突出于闭合的小苞片外，直立，斜卵形，先端尖，长约 1 毫米或较短；管状花 3~8 枚，也有的为 2 枚，花冠长约 2.3 毫米，冠筒长约 0.8 毫米，檐部长约 0.8 毫米，漏斗状，裂片长约 0.5 毫米，先端尖；花药长约 1 毫米。籽实：瘦果倒披针形或近棒状，无冠毛。种子为黑色，极小，仅 1~3.6 毫米。花果期 9—10 月份。

生长习性：一般每年从 4 月上中旬开始到 9 月份，种子均可萌发繁殖。喜光、喜湿、耐盐碱。

危害情况：侵入荒地、沟边、公路两旁等富含矿物质及盐分的生长环境。与周围植物展开争夺阳光和养分的竞争，严重影响其他植物的生长，威胁农牧业生产及生态环境安全。

分布：原产西印度群岛和南美洲。在中国分布于北京市、天津市、福建省、河北省、河南省、江西省、内蒙古自治区、山东省等地。湖南省内暂未发现。

7. 金腰箭 *Synedrella nodiflora* (L.) Gaertn.

分类地位：菊科 Compositae、金腰箭属 *Synedrella* Gaertn.。

别名：黑点旧。

形态特征及植株：一年生草本。茎直立，高 0.5~1 米，二歧分枝，被粗毛或后脱毛。叶对生，宽卵形至卵状披针形，基部下延，呈翅状，近基出三脉或近五出脉，边缘具不规则小齿，两面被疣基糙毛。花：头状花序，2~6 个簇生于（稀单生）叶腋，无或有短花序梗；小花黄色；总苞卵形或长圆形，外层总苞片叶状，内层总苞片干膜质，鳞片状；外围舌状花雌性，黄色，舌片椭圆形，先端 2 回浅裂；中央管状花花冠檐部 4 回浅裂，裂片卵形或三角形。籽实：雌花瘦果椭圆形，扁平，深黑色，边缘有翅，翅缘各有 6~8 枚长硬尖刺，冠毛 2 根；两性花瘦果倒圆锥形，黑色，有纵棱，腹面压扁，两面有疣状突起；冠毛 2~5 根，芒刺状。花期 6—10 月份。

生长习性：生长于旷野、荒地、山坡、耕地、路旁及宅旁，适生于湿润环境。

危害情况：常见农田杂草，使农作物减产，并入侵一些经济园林。

分布：原产美洲热带地区。现在东半球热带地区也有分布。在中国分布于华中、华东、西南等地区。湖南省内暂未发现。

8.蒺藜草 *Cenchrus echinatus* L.

分类地位：禾本科 Gramineae、蒺藜草属 *Cenchrus* L.。

别名：刺蒺藜草、野巴夫草。

形态特征及植株：一年生草本，秆扁圆形，基部曲膝状或横卧地面，近地面节上生根，下部各节常具分枝。叶鞘松弛，压扁具脊，上部叶鞘背部具密细疣毛，近边缘处有密细纤毛，下部边缘多数为宽膜质，无纤毛；叶舌短小，具纤毛；叶片线形或狭长披针形，质较软，上面近基部疏生长约4毫米的长柔毛或无毛。花：总状花序，顶生，直立；花序主轴具角棱，粗糙；刺苞呈稍扁圆球形，刚毛在刺苞上轮状着生，具倒向粗糙，直立或向内反曲，刺苞总梗密被短毛；颖薄质或膜质，第一颖具1条脉；第二颖具5条脉；第一小花雄性或中性，第二小花两性；花药长约1毫米，顶端无毫毛；柱头帚刷状，长约3毫米。籽实：颖果椭圆状扁球形，长2~3毫米，背腹压扁，种脐点状，胚为果长的2/3~1/2。花果期夏季。

生长习性：常生于低海拔的耕地、荒地、牧场、路旁、草地、沙丘、河岸和海滨沙地。在潮湿的热带地区终年都开花。

危害情况：多种作物田地和果园中的一种危害严重的杂草，入侵后降低生物多样性；还可成为热带地区牧场中的有害杂草。

分布：原产热带美洲。现在热带、亚热带地区均有分布。在中国分布于华北、华东、华中、西南等地区。湖南省内暂未发现。

图书在版编目（ＣＩＰ）数据

湖南口岸外来入侵杂草图鉴／张磊等编著．--长沙：
中南大学出版社，2018.5
ISBN 978－7－5487－3232－7

Ⅰ.①湖… Ⅱ.①张… Ⅲ.①外来入侵植物－杂草－
湖南－图集 Ⅳ.①S451.42

中国版本图书馆 CIP 数据核字(2018)第 093954 号

湖南口岸外来入侵杂草图鉴

主审　　李振宇　　王新武
编著　　张　磊　　黄迎波　　肖湘黔
　　　　章茂林　　罗志萍　　周慧平

□责任编辑	彭达升	
□责任印制	易红卫	
□出版发行	中南大学出版社	
	社址：长沙市麓山南路	邮编：410083
	发行科电话：0731－88876770	传真：0731－88710482
□印　　装	长沙雅鑫印务有限公司	

□开　　本	880×1230　1/32	□印张6.75	□字数103千字		
□版　　次	2018 年 5 月第 1 版	□2018 年 5 月第 1 次印刷			
□书　　号	ISBN 978－7－5487－3232－7				
□定　　价	48.00 元				